"『다빈치 코드』(Da Vinci Code)와 복음서의 유일한 차이가 현대 소설과 고대 소설의 차이일 뿐이라는 리처드 도킨스(Richard Dawkins)의 널리 받아들여지는 엉뚱하고도 비학문적인 주장은 (정말 그러한지) 정확히 확인해볼 필요가 있고 학문적으로 대답될 필요가 있습니다. 이에 대해 피터 윌리엄스보다 더 안성맞춤인 사람은 없을 것입니다. 이 책은 '모든 역사가 예수에 의존하고 있음'에 대한 설득력 있는 사례를 거듭 제공한 걸작입니다."
—존 C. 레녹스(John Lennox), 옥스퍼드대학교 수학(Mathematics) 명예교수

"굉장히 필요했던 이 책은 복음서의 역사적 배경에 대해 더욱 알기 원하는 기독교인들에게 정보의 보고가 되며, 예수에 관해 우리가 알 수 있는 것에 대해 회의적인 사람들에게 일련의 도전이 됩니다. 피터 윌리엄스는 간결하고 접근성 좋은 이 책에 엄청난 정보들과 생각들을 농축하여 넣었습니다. 그렇기에 교회 안팎에서 주의를 기울여 읽을 만한 가치가 있습니다."
—사이먼 게더콜(Simon Gathercole), 케임브리지대학교 신약학 교수

"오늘날의 기독교인들은 성경의 무오성 교리를 믿더라도 두려움뿐 아니라 어떤 혼란스러움으로 인해 자신의 믿음에 대해 증언하기를 꺼려합니다. 당황스러워하고 근심 가득한 이 무리들에게 피터 윌리엄스는 간결하면서도 완전한 교육의 형태로 해방을 선사합니다. 복음서를 신뢰할 만함에 대한 윌리엄스의 설득력 있는 이 입문서는 사람들이 가지고 있는 질문들 및 생각지도 못했던 질문들에 대해 책임감 있는, 일련의 역사적인 설명들을 통해 '이해를 추구하는 믿음'으로 인도합니다. 대단히 상세하고 정확하며 매우 읽기 쉬운 이 책—풍성한 도표와 그래프를 가진—은 기독교인들과 회의론자 모두의 심금을 울릴 것입니다. 첨단의 변증이자 최고의 안내서입니다—믿지 않는 분들은 주의를 기울이십시오!"
—클레어 K. 로스차일드(Clare Rothschild), 루이스대학교 성서학 교수, *Luke-Acts and the Rhetoric of History*; *Baptist Traditions and Q*; *Hebrews as Pseudepigraphon*의 저자, *Early Christianity* 편집자

"전문적인 지식과 기술을 가졌으면서도 놀랍게도 쉬운 길을 제시하고 있

는, 신약성서 본문에 대한 세계적인 권위자 중 하나인 윌리엄스는 복음서의 역사적 신뢰성을 지지하는 다양한 증거들을 독자들에게 제시해줍니다. 이 책은 복음서를 신뢰하는 것이 왜 합리적인지 보여줍니다.

—에드워드 아담스(Edward Adams), 킹스칼리지런던 신약학 교수

복음서를 신뢰할 수 있는가?

피터 J. 윌리엄스 지음

김태훈 옮김

복음서를 신뢰할 수 있는가?

지음	피터 J. 윌리엄스
옮김	김태훈
편집	김덕원, 김요셉, 박이삭, 이상원, 이찬혁
색인	이상원

발행처	감은사
발행인	이영욱
전화	070-8614-2206
팩스	050-7091-2206
주소	서울특별시 강동구 암사동 아리수로 66, 401호
이메일	editor@gameun.co.kr

종이책

초판발행	2022.10.06.
ISBN	9791190389686
정가	16,800원

전자책

초판발행	2022.10.06.
ISBN	9791190389693
정가	12,800원

Can We Trust the Gospels?

Peter J. Williams

아버님과 어머님(parents-in-law),
데이비드(David)와 요안 에일리(Joan Eeley)를 위하여

| 목차 |

서문

저는 일반 청중에게 사복음서의 진정성에 대한 방대한 양의 증거 중 일부를 설명해주는 간결한 책의 필요성을 오랫동안 느껴왔습니다. 이 주제를 훌륭하게 다루는 다양한 책들이 있고, 각각의 책에는 저마다의 독특한 강조점이 있습니다.[1] 저는 이 책을 통해 복음서를 신뢰할 수 있다는 주장을 이

---

1. 제가 최고로 추천하는 책은 다음과 같습니다. Charles E. Hill, *Who Chose the Gospels? Probing the Great Gospel Conspiracy* (Oxford: Oxford University Press, 2010); Lydia McGrew, *Hidden in Plain View: Undesigned Coincidences in the Gospels and Acts* (Chillicothe, OH: DeWard, 2017); Brant Pitre, *The Case for Jesus: The Biblical and Historical Evidence for Christ* (New York: Image, 2016); Craig L. Blomberg, *The Historical Reliability of the New Testament* (Nashville:

주제에 대해 처음 생각하는 사람들에게 제시하고자 합니다. 물론 더욱더 두꺼운 책을 쓸 수도 있었습니다. 더 많은 예시와 방대한 참고 문헌을 소개하고, 반대 견해들을 살펴보면서 말이지요. 그러나 그러지 않았습니다. 간결함을 위해 불필요한 모든 것을 제외했습니다. 관심 있는 독자들이 증거를 확인할 수 있도록 충분한 정보를 제공하려고 노력하면서도 수백만 페이지에 달하는 신약학 연구에 관해서는 언급하지 않으려고 했습니다. 그중에 제가 읽은 부분은 매우 적기 때문이지요.

저는 조언, 비평, 격려, 재정 지원, 교정, 연구 지원, 기술적 전문 지식을 포함하여, 다양한 형태로 도움을 주신 많은 분들에게 감사의 마음을 전합니다. 리처드 보컴(Richard Bauckham) 교수, 제임스 베존(James Bejon), 리치 버그와 캐리 버그(Rich and Carrie Berg), 필립 에반스와 캐슬린 에반스(Phillip and Kathleen Evans), 사이먼 게더콜(Simon Gathercole) 박사, 줄리안 하디먼(Julian Hardyman), 잭 허튼(Jack Haughton), 존 헤이워드(John Hayward) 박사, 마틴 하이데(Martin Heide) 박사, 피터 헌트(Peter Hunt), 데이비드 인스톤-브루어(David Instone-Brewer) 박사, 더크 종킨드(Dirk Jongkind) 박사, 마크 라니어와 베키 라니어

B&H Academic, 2016). 그런데 마지막 책은 상당히 두껍습니다.

(Mark and Becky Lanier), 케빈 매튜스(Kevin Matthews), 피터 몬토로(Peter Montoro), 필 누스바움과 주디 누스바움(Phil and Judy Nussbaum), 필립 페이지와 헬렌 페이지(Philip and Helen Page), 릴리 리버스(Lily Rivers), 로라 로빈슨(Laura Robinson), 로드니 샘슨(Rodney Sampson) 교수, 안나 스티븐스(Anna Stevens), 줄리 우드슨(Julie Woodson), 론 젤릭(Lorne Zelyck) 박사는 모두 틴데일 하우스(Tyndale House)의 직원들과 이사들이 한 것과 마찬가지로 어떤 식으로든 이 책의 저술을 도와주었습니다. 또한 저는 가족인 다이애나(Diana), 캐스린(Kathryn), 마그달레나(Magdalena), 레오 윌리엄스(Leo Williams)의 지지와 비평적인 논평에 대해 감사하게 생각합니다. 케임브리지의 틴데일 하우스라는 환경에서 이 책을 쓸 수 있어서 얼마나 기뻤는지 모릅니다. 이곳의 도서관은 사람들이 성서학 연구를 수행함에 있어 지구상에서 가장 좋은 곳이라고 생각하는 장소입니다. 크로스웨이(Crossway) 출판사에 있는 제 친구들에게도 깊은 감사의 마음을 가지고 있습니다. 그들의 뛰어난 작업으로 인해 이 책이 출간될 수 있었습니다.

서론

오늘날 사람들은 흔히 세계의 종교들(faiths)에 대해서 이야기하거나, 일부 사람들이 다른 사람들과는 다른 신앙을 가지고 있다고 묘사한다. 신앙이라는 것은 비합리적인 신념, 즉 증거에 토대를 두지 않은 어떤 것으로 여겨진다. 그러나 이것은 신앙이라는 것이 기독교인들에게 원래 의미했던 바와는 거리가 멀다. 사실 라틴어 '**피데스**'(*fides*)에서 온 '**신앙**'(*faith*)이라는 단어는 오늘날 우리가 사용하는 '**신뢰**'(*trust*)라는 표현에 더 가까운 의미였다. 물론 신뢰는 증거에 기초한다.

그러므로 이 책의 제목인 '우리가 복음서를 신뢰할 수 있는가?'는 매우 신중하게 선택됐다. 이 책은 복음서의 진정성에 대한 증거들을 살펴봄으로써 복음서를 신뢰할 수 있는지를 다룬다. '신뢰'라는 표현의 장점은 우리가 모두 그것을 어느 정도 이해하고 있다는 데 있다. 왜냐하면 우리 모두가 신뢰라는 행위를 행하고 있기 때문이다.

우리 대부분은 보통 개인적인 안전을 다른 사람들의 손에 맡긴다. 우리는 식품 공급업자를 신뢰하고, 토목 기사와 자동차 제조업자에게 우리의 삶을 맡긴다. 우리는 또한 친구들, 소셜미디어, 금융 서비스에 의존한다. 물론 우리의 신뢰는 절대적이지 않고, 아무런 의심의 여지가 없는 것도 아니다. 만약 어느 한 음식점이 노골적으로 위생법을 위반한다는 사실을 알게 된다면, 우리는 아마도 더 이상 거기서 먹지 않을 것이다. 하지만 우리는 여전히 신뢰를 매일같이 행사한다. 우리는 새로운 자료를 제한적으로(qualified) 신뢰한다. 그것이 우리의 삶에 영향을 주는 정보든 그렇지 않든 간에 말이다. 우리가 예수 생애의 이야기, 즉 신약이라고 불리는 성경의 두 번째 주요 부분에 나타나는 사복음서를 신뢰할 수 있는지 없는지 물을 때, 이 책에서 고려하게 될 신뢰는 이러한 평범한 종류의 신뢰이다.

복음서를 신뢰하는 것은 다른 무언가를 신뢰하는 것과

같으면서도 다르다. 먼저 일상에서도 우리가 종종 사람/사물이 믿을 만한지를 평가해야 한다는 점에서는 **같다**. 그러나 복음서가 기적에 대한 이야기를 담고 있고, 또 예수 그리스도가 우리 삶의 소유권을 정당하게 주장할 수 있는 초자연적인 하나님의 아들로 제시되는 이야기를 담고 있다는 점에서는 **다르다**.[1] 그러나 우리가 그러한 주장을 고려하기 전에 복음서가 우리가 보통 믿고자 하는 것들에서 찾게 되는 진정성의 표지를 나타내고 있는지를 물어볼 필요가 있다.

물론 복음서를 검토하고자 한다면 먼저 읽어보기를 권한다. 소리 내어 편안하게 읽으면 9시간이 채 걸리지 않을 것이다. 어떤 번역을 사용해야 할지 고민할 수 있지만, 무엇이든 별 차이가 없다. 마태복음, 마가복음, 누가복음, 요한복음을 온라인이나 인쇄된 성경으로 읽는다면 이 책을 어느 정도 이해하게 될 것이다.

---

1. '초자연적'이라는 단어가 기계적 자연 질서와 초자연적 영역 사이의 깊은 차이를 의미할 수 있지만, 나는 여기에서 복음서가 말하는 기적 사건, 대부분의 사람들이 일상적으로 경험하는 것과는 사뭇 다른 그런 기적 사건을 넘어서는 무언가를 의미하도록 의도하지 않았다.

제1장
비기독교 자료들은 무엇을 말하는가?

기독교인들이 기록한 문서가 기독교의 기원을 알려주는 (우리가 가진) 주요 자료라는 사실은 전혀 놀랄 일이 아니다. 양궁, 야구, 요리와 관련된 대부분의 책들은 그러한 활동의 열렬한 지지자들에 의해 기록됐다. 기독교인들은 기독교에 대해 가장 열정적인 사람들이었고, 기독교와 관련해서 많은 것을 기록했다. 물론 사복음서는 예수를 약속된 구원자로 믿는 지지자들에 의해 기록됐다. 그러므로 그들은 공정한 기록자가 아니라, 예수 그리스도에 대한 믿음을 키우려는 목적을 가진 자들이라는 점에서 편견이 있다고 말할 수도 있을 것이다.

　　그러나 그들의 편견 때문에 그들이 전해준 기록까지도 우리가 불신해야 하는 것은 아니다. 범죄로 기소된 한 무고한 사람이 자신의 결백을 입증하는 데 깊은 관심을 갖는다 하더라도, 이러한 편향성에 의거해 그가 제시한 증거를 무시할 수 있는 것은 아니다. 그렇다면 문제는 복음서 저자들이 어떤 목적(agenda)을 가졌는지에 대한 것이 아니라, 그들이 정확하게 보도했느냐에 관한 것이다.

　　하지만 일부 자료 중에는 기독교를 지지하려는 편견이 들어가 있지 않은 것도 있다. 이러한 자료에는 비기독교 저자들의 글이 있다. 이들은 기독교의 기원으로부터 90년 이내에 글을 써서 우리에게 연구할 수 있는 기록들을 남겨주었다. 우리는 세 명의 저자들(코르넬리우스 타키투스[Cornelius Tacitus], 소 플리니우스[Pliny the Younger], 플라비우스 요세푸스[Flavius Josephus])을 살펴볼 것이다. 이들은 각기 글을 쓴 자신만의 이유가 있었지만, 결코 기독교를 장려하기 위한 것은 아니었다. 사실 타키투스와 소 플리니우스는 기독교에 공공연히 적대적이었다.

코르넬리우스 타키투스

타키투스(Cornelius Tacitus)는 주후 56년경에 태어났다. 그는 원로원 의원과 집정관을 포함해 로마의 뛰어난 관직을 맡았고, 지금은 〈표 1.1〉에 나오는 저작들로 가장 잘 알려져 있다.[1]

<표 1.1. 타키투스의 저술>

제목	내용	길이	대략적 연대
Agricola	영국과 영국민에 대한 묘사와 더불어 타키투스의 장인인 영국 총독 줄리어스 아그리콜라에 대한 이야기	1권	주후 98년
Germania [= 『게르마니아』, 숲, 2012]	로마가 게르만족을 어떻게 다루었는지에 대한 묘사	1권	주후 98년
Histories [= 『타키투스의 역사』, 한길사, 2011]	주후 69-96년의 로마 역사를 다루는 이야기	14권	주후 109년
Annals [= 『타키투스의 연대기』, 종합출판범우, 2005]	주후 14-68년의 로마 역사를 다루는 이야기	16권	주후 115-117년

타키투스는 확실히 편향적이었다. 그는 도덕적인 교훈을 목적으로 역사를 이야기했으며, 그가 괜찮다고 생각하는 자들을 칭찬했고, 전체 문장에서 수사 전략을 사용하여 싫어하

---

1. 타키투스는 또한 다소 다른 문체를 보여주는 『웅변에 대한 담화』(*Dialogue on Oratory*)를 저술했을 수도 있다.

는 자들을 저주했다. 하지만 사실 정보를 기록하는 타키투스의 능력은 최고였다. 타키투스는 자신이 방문한 적이 없는 먼 거리의 장소들을 정확하게 묘사할 수 있었고, 스코틀랜드에 있는 호수들에 대한 문헌 정보를 제공한 첫 번째 인물이었다. 타키투스는 그가 태어나기 40년 전의 이야기를 자세히 전할 수 있게 해주는 자료들에 접근할 수 있었던 것으로 보인다.[2] 그러므로 우리는 타키투스의 『연대기』(Annals)에 나오는 초기 기독교인에 대한 설명과 그것을 이루고 있는 명백한 사실들을 의심할 이유가 없다. 『옥스퍼드 고전 문헌 안내서』(Oxford Companion to Classical Literature)를 인용하자면, "『연대기』는 특히 타키투스를 가장 위대한 역사가 중 하나로 드러내고 그가 인물들에 대한 날카로운 통찰력과 당대의 중요한 문제들에 대한 냉철한 이해를 가지고 있었음을 보여준다."[3]

타키투스는 주후 64년 7월에 발생한 로마 대화재에 대한 기록을 남겼다. 그는 미치광이 황제 네로가 화재를 일으켰으면서도 당시 로마에 살던 많은 수의 기독교인들을 방화범으로 몰아 비난한 것이 어떻게 발생했는지 이야기해 주었다.

---

2.   Ronald Syme, "Tacitus: Some Sources of His Information," *The Journal of Roman Studies* 72 (1982): 68–82을 보라.

3.   M. C. Howatson, ed., *The Oxford Companion to Classical Literature*, 2nd ed. (Oxford: Oxford University Press, 1997), 548.

타키투스는 로마에서 일하는 동안 이 사건과 관련하여 많은 사람과 대화할 수 있었고, 로마의 공식 기록에도 접근할 수 있었을 것이다. 그러므로 우리는 타키투스가 제공하는 사실들의 개요가 믿을 만하다고 볼 수 있는 충분한 이유를 가진다.

아래는 타키투스가 전한 이야기인데, 여기서는 초기의 일반적인 철자법을 사용하여 '크리스투스인들'(Christians, '그리스도인들')을 '크레스투스인들'(Chrestians, [굳이 번역하자면] '그레스도인들')로 표기했다.[4]

_____

4. 이 표현을 담고 있는 가장 오래된 사본(Codex Laurentianus Mediceus 68.2)에는 *Chrestianos*라고 되어 있는데, 후기 필사자는 이것을 (*Christianus*의 목적격 복수 형태인) *Christianos*로 수정했다. 철자 i를 사용하는 대신 e를 쓰는 철자법은 초기에 매우 일반적이었지만, 타키투스는 '군중'이 철자 e를 가지고 이 집단을 *Chrestiani*라고 불렀음에도, i를 사용하여 이 이름의 정확한 기원이 *Christus*에게서 온 것이라고 박학다식하게 말했다. 타키투스 이후 수 세기 동안 모음 혼동(vowel confusion)에 대한 증거가 지속적으로 발견된다. 2세기 중엽 로마 황제 안토니누스 피우스(Antoninus Pius)에게 그리스어로 글을 쓴 순교자 유스티누스(Justin Martyr, *First Apology* 4)는 '그리스도인들'(Christians)이라는 명칭과 '좋은'을 의미하는 그리스어 *Chrestos*에 대한 언어유희를 만들었다. 주후 200년경 테르툴리아누스가 쓴 글(Tertullian, *Apology* 3)에는 반대자들이 '그리스도인들'을 *Chrestiani*라고 잘못 불렀다는 불평이 기록되어 있다. 4세기 초 락탄티우스의 글(Lactantius, *Divine Institutions* 4.7)에 보면, 라틴어를 말하는 자들이 때로 '그리스도'(Christ)를 '크레스투스'(*Chrēstus*)로 잘못 불렀다는

언급이 있다. 철자 i를 가지고 '그리스도'(Christ)와 '그리스도인
들'(Christians)이라고 쓰는 것이 초기의 것으로 입증되기는 했지만
(*Christos*는 TM 61617 사본을, *Christianos*는 벧전 4:14를 다루는
Papyrus 72 사본을 보라), 5세기 이전의 대다수 [사본]에서는 그것이
분명하지 않은데, 이는 특히 '그리스도'라는 이름이 신약에서 보통 모
음 없이 축약형으로 쓰였기 때문이다. 또한 그리스어 발음이 변하고
있기는 했지만, i 소리의 일반적인 표현법인 그리스어 알파벳 '이오
타'(ι) 대신 (다른) 모음을 사용했다는 증거가 5세기 이전에 많이 있다.
바티칸 사본과 시내산 사본은 (둘 다 4세기 사본으로서) 신약에 3번
나오는 '그리스도인들'이라는 용어가 나타나는 가장 초기 사본이다
(행 11:26; 26:28; 벧전 4:16). 바티칸 사본에는 *Chrestianos* (그리스어,
χρειστιανος)로, 시내산 사본에는 *Chrēstianos* (그리스어, χρηστιανος)
라는 형태로 나온다. 바티칸 사본에는 또한 모음 '에이'(ει)를 동반한
'적그리스도'(antichrist)와 '거짓 그리스도'(pseudochrist)라는 단어가
나오는데, 이 두 경우에 '그리스도'라는 이름을 생략 없이 기록할 때
'에이'를 사용했다(마 24:24; 막 13:22; 고후 10:7; 벧전 1:11; 요일 2:18,
22; 4:3; 요이 7을 보라). 모음 '에타'(η)를 가진 이 형태는 신약의 가장
초기 콥트어 판에서 사용된 주된 철자법이다. '이오타'(ι)와 '에타'(η)
의 긴밀한 연계는 벧전 2:3에서 '좋은'을 의미하는 그리스어 *chrestos*
와 '그리스도'를 의미하는 그리스어 *Christos* 사이에 언어유희를 가능
하게 해준다. 일부 학자들은 타키투스의 글에 언급된 이 집단과 후기
기독교인을 구분하지만, 이것은 광범위하게 퍼져 있는 라틴어와 그리
스어 사이에 있는 모음 교환에 대한 증거를 무시하고 타키투스가 심
각하게 혼동했다는 것을 전제로 하는 것이다. 그리고 이는 수에토니
우스가 쓴 『네로의 생애』(Suetonius, *Life of Nero* 16)에서 네로가 당시
에 처벌한 집단을 왜 *Christiani*라고 불렀는지를 설명해주지 못한다.
게다가 이는 증명되지 않은 집단인 *Christiani*를 만들어내는데, 사실
이 집단은 로마에 다수 존재하며 특정 시기에 후기 그리스도인들이
박해받았던 방식으로 박해받은 (실제) 집단이다. 그래서 만약에 일부

그러나 인간의 도움이나 황제의 선물도 그 의옥(疑獄)을 억누를 수 없었고, 네로의 명령으로 화재가 발생했다는 생각을 떨쳐버릴 수 없었다. 하늘을 달래는 모든 방법도 아무런 소용이 없었다. 그러므로 네로는 그 소문을 없애기 위해 군중들이 '크레스투스인들'(Chrestians)이라고 부르는 한 부류의 인간들—그들의 악행으로 인해 혐오 당하는 인간들—을 범죄자로 여기고 잔학함의 극치로 그들을 처벌했다. 그 이름의 선구자적 인물인 '크리스투스'(Christus)는 티베리우스가 통치하던 때에 총독 본디오 빌라도의 선고로 사형을 당했고, 가장 해로운 미신은 잠깐 억제됐지만, 그 질병(기독교를 말함—편주)의 본거지인 유대 지역뿐만 아니라, 모든 끔찍하고 수치스러운 일들이 모여서 유행이 되는 수도 로마에서도 다시 나타났다. 그래서 먼저 그 종파라고 고백한 자들을 체포했고, 다음으로 체포된 자들의 자백에 근거하여 많은 사람들이 유죄 선고를 받았는데, 그들이 그렇게 된 것은 방화라는 죄목보다는 오히려 인류의 증오 때문이었다. 그들의 마지막까지 조롱이 함께했다. 그들은 짐승의 가죽을 입고 죽을 때까지 개에게 물어뜯겨지거나, 십자가에 매달

학자들이 옳다면, 이 가설적으로 널리 퍼진 *Christiani*라는 집단은 지구에서 사라진다.

렸다가 해가 지면 밤을 비추는 등불이 되도록 불태워졌다. 네로는 사람들이 이 광경을 볼 수 있도록 자신의 정원을 내어주었고, 자신의 광장에서 공연하며 전차를 모는 사람들과 어울리거나 전차에 올라탔다. 따라서 가장 본보기가 되는 처벌을 받게 되는 죄임에도 불구하고, 연민의 감정이 일어났다. 왜냐하면 이들이 국가의 번영을 위해서가 아니라 한 사람의 잔인함에 의해 희생제물이 되고 있다는 인상 때문이었다.[5]

타키투스가 실제로 이것을 썼다는 것을 우리가 어떻게 알 수 있는지에 대한 의문이 제기되어야 한다. 이 이교도 작가의 작품이 나중에 기독교 필사자에 의해서 변경되는 것이 가능하지 않나? 몇몇 학자들이 이러한 주장을 하기는 했지만, 이 주장은 몇 가지 이유로 아직도 주변적인 견해로 남아 있다. 나는 그중 딱 두 가지만 이야기하겠다.

---

5. Tacitus, *Annals* 15.44. 읽기 쉽도록 *Tacitus Annals Books 13–16*, Loeb Classical Library 322 (Cambridge, MA: Harvard University Press, 1937), 283, 285에서 가볍게 각색한 번역이다. 나는 또한 '크리스투스인들'(Christians, '그리스도인들')보다는 '크레스투스인들'(Chrestians, '그레스도인들')이라는 철자를 사용하기 위해 번역을 각색했다.

첫째로 고전 시대에서 중세 시대까지 우리에게 전해진 **모든** 그리스와 라틴 문헌들은 **기독교** 필사자들에 의해 전수됐다는 사실을 기억해야 한다. 필사자들은 그리스와 로마 신들이 언급되는 내용을 보존했고, 자신이 가진 기독교적인 관점과 다른 종교 사상이라고 할지라도 충실하게 옮겨 적었다. 지난 한 세기 동안 이집트의 마른 사막에서 기독교 시대보다 훨씬 더 오래된 사본들이 발견됐는데, 그 사본들은 필사자들에 의해 대체로 충실하게 필사됐음을 보여준다. 그러므로 입증의 책임은 텍스트가 고전 시대부터 변개되어 왔다고 주장하기 좋아하는 자들에게 있다.

둘째로 타키투스는 독특한 라틴어, 소위 '은의 시대'의 라틴어(silver Latin) 문체를 지니고 있었는데, 은의 시대란 키케로(Cicero, 주전 107/106-43년)의 '황금기' 라틴어와 구별하기 위한 용어였다. 모든 언어가 **그러하듯** 세기가 지날수록 라틴어도 변했다. 중세 필사자들은 중세 라틴어로 교육받았기에 그들이 사용하는 라틴어와 타키투스가 사용하는 라틴어의 모든 차이를 인식할 수는 없었을 것이다. 그들은 타키투스의 라틴어 문체를 모방하기 어려웠을 것이고, 모방했다 해도 기껏해야 몇 구절 정도였을 것이다. 그래서 오늘날 고전학자들은 타키투스의 글을 믿을 만하다고 여긴다. 적어도 주요 사건에서만큼은 말이다.

타키투스의 이야기는 중요한 정보를 제공한다. 타키투스가 기독교인들을 좋아하지 않았다는 사실을 우리는 분명히 알고 있지만(그는 기독교를 '질병'이라고 불렀다), 그는 우리가 몇 가지 유용한 사실을 입증하는 데 도움을 준다. 타키투스는 '크리스투스'(*Christus*)라는 이름을 사용하는데 이는 라틴어로서 그리스도(Christ)라는 말이 여기서 나왔다. 타키투스는 '크리스투스'를 그 명칭의 근원으로 보았는데, '크리스투스'의 추종자들은 '크레스티아니'(*Chrestiani*)라고 불렸다. 여기서 e가 i가 된 것은 통속 라틴어(vulgar Latin)의 특징인데, 이에 대한 많은 관련 증거 자료가 있다.[6] 우리가 여기에서 주목해야 할 것은, 타키투스가 예수를 따르는 자들을 '크레스투스인들'(Chrestians, '그레스도인들')이라고 부른 것이 그들 자신이 아니라 군중들이었다고 말했다는 점이다. 이 점은 신약에 그리스도인이라는 단어가 세 번 나온다는 사실과 잘 맞아떨어진

---

6. e가 i로 교체된 증거를 위해서는 E. H. Sturtevant, *The Pronunciation of Greek and Latin: The Sounds and Accents* (Chicago: University of Chicago Press, 1920), 15-29, 120을 보라. 일반적으로 한 그룹을 처음 접할 때는 그 이름에 대한 잘못된 발음이 수반되고 이후에 수정이 일어난다. 그렇게 서구에서 덜 정확한 철자법인 '모슬렘'(*Moslem*)은 최근에서야 비로소 더욱 정확한 철자법인 '무슬림'(Muslim)으로 대체됐다.

다(행 11:26; 26:28; 벧전 4:16). 이 용어는 처음에 비그리스도인들이 사용했고, 나중에 그리스도인들이 채택해서 사용했다.

　　라틴어 '크리스투스'는 단순히 '기름부음 받은 자'를 의미하는 그리스어 '크리스토스'(*Christos*)를 음역하여 바꿔 쓴 것인데, 이는 히브리어 '메시아'(Messiah)와 같은 말이다. 메시아가 많은 유대인들이 기대하고 있던 약속된 구원자였듯이, '그리스도인들'이라는 이름은 약속된 유대교의 구원자가 왔음을 믿는 이 집단의 신앙을 우리에게 분명히 말해준다. 기독교가 유대교의 요람에서 발생했다는 것과 시간을 더 거슬러 가면 갈수록 기독교의 모든 기록이 매우 유대적이라는 사실을 앞으로 살펴보게 될 것이다. 이는 우리가 유대인들의 글을 고려하지 않고서 이 공동체가 가진 신앙의 특정 요소들을 추측할 수 없다는 것을 의미한다.

　　우리는 또한 몇 가지 다른 것들을 규명할 수도 있다. 타키투스는 우리에게 그리스도가 티베리우스가 황제로 있는 동안인 주후 14년과 37년 사이에 처형당했음을 말해준다. 게다가 그는 본디오 빌라도가 유대를 다스리고 있었을 때인 주후 26년과 36년 사이에 이 일이 발생했다고 말한다. 그러므로 타키투스는 우리에게 기독교를 탄생시킨 사건에 대한 대략적인 기준점을 제공해주는 셈이다.

이러한 연대기적 틀 외에도 타키투스는 지리적인 정보도 제공해준다. 그는 그리스도의 이름을 따서 불린 이 '질병'이 유대에서 시작됐다고 말해주는데, 그곳은 모든 기독교 자료들이 기독교가 시작됐다고 주장하는 장소다. 기독교 텍스트는 예수 그리스도께서 유대의 영적 중심지인 예루살렘 근처에서 처형되셨다고 우리에게 말해준다. 타키투스는 주후 64년 대화재 당시 로마에 많은 기독교인이 있었다고 전한다. 그는 그 문서에서 '무수한 사람들'을 뜻하는 '멀티투도 잉겐스'(multitudo ingens)라는 라틴어 표현을 사용한다. 기독교는 정말 멀리까지 퍼졌음이 분명하다. 왜냐하면 예루살렘과 로마 사이의 거리가 일직선으로 대략 2,300km였고, 이는 에든버러와 모로코 북쪽 사이의 거리나 뉴욕과 아바나(Havana) 사이의 거리보다 더 먼 거리였기 때문이다.

게다가 타키투스는 네로가 기독교인들을 얼마나 잔인하게 다루었는지, 그리고 기독교인들 대다수가 자신들이 믿었던 종교 때문에 어떻게 죽임당했는지를 설명해주기도 한다. 그러므로 우리는 타키투스로부터 기독교가 멀리, 그리고 빠르게 퍼져나갔고, 기독교인이 되는 것은 매우 어려운 일이었다고 결론지을 수 있다. 기독교의 시작과 로마의 대화재 사이의 기간은 40년 미만이었다.

기독교의 급속한 확산은 복음서의 진정성을 연구하는 것과 관련이 있을 수 있다. 확실한 것은 기독교가 더 널리 전파되면 될수록, 누군가가 그 메시지와 신앙을 바꾸기가 더 어려웠다는 사실이다. 이것은 그리스도인들이 그들의 신앙 때문에 값비싼 비용을 치러야 하는 경우라면 특히 더 그랬을 것이다. 예수께서 십자가 처형 후에 죽은 자들 가운데서 부활하셨다는 기독교의 핵심 신앙이, 기독교가 구두 전승(입 위의 말로) 전파되면서 생겨난 혁신이었다고 주장하는 학자들은, 그 일이 **언제** 발생할 수 있었는지 제시할 필요가 있다. 기독교가 퍼져나가기 시작한 지 수십 년 후에 기독교의 핵심 신앙이 발생했다고 보는 견해는, 왜 기독교가 초기에 인기를 얻게 됐는지를 설명하지 못하고, 이러한 신념이 없었던 기독교를 고수했던 사람들이 어떻게 시간이 지나고 나서 이 신념을 갖게 됐는지를 설명해내지 못한다. 예수 그리스도께서 유대교 성경에 예언된, 죄를 위해 십자가에 달리시고 하나님에 의해서 죽은 자들 가운데서 살아나신 하나님의 아들이라고 나중에 합의하게 됐다는 견해는, 이런 핵심 신앙이 기독교 전파가 시작되기 전부터 (이미) 확립됐다고 상정할 때 가장 잘 설명된다.

소 플리니우스

이제 우리는 두 번째 로마인 증인, (주후 61/62년에 태어나 주후 111년에 사망한) 소 플리니우스(Pliny the Younger)를 살펴보겠다. 플리니우스는 많은 공직을 맡으며 탁월하게 일했고, 그 끝 무렵에 비두니아(Bithynia)와 본도(Pontus)의 총독이 됐다. 이곳은 오늘날 터키 북서쪽에 있는 지역이다. 플리니우스는 대략 109-111년쯤에[7] 그곳을 다스렸다. 특히 그는 (98-117년 사이에 로마를 다스린) 트라야누스 황제에게 여러 차례 편지했다. 플리니우스의 가장 유명한 편지는 그가 기독교인들을 어떻게 다루어야 할지와 관련하여 조언을 구하기 위해 쓴 편지다 (*Epistles* 10.96). 그는 다음과 같이 썼다.

> 폐하, 제가 어찌할 바를 모르는 모든 문제를 황제께 말씀드리는 것이 제가 따라야 할 규칙인 줄로 압니다. 도대체 누가 저의 불확실성을 인도하며 제 무지를 깨우칠 수 있단 말입니까? 저는 기독교인들을 재판하는 일을 경험해본 적이 없습니다. 그래서 그들을 조사하거나 처벌할 때 지켜야 할

---

7.   또는 아마 주후 111-13년.

방법과 제한 사항을 잘 알지 못합니다. 게다가 저는 나이로 인한 차이가 있어야 하는지, 즉 가장 어린 자와 성인 사이에 어떤 구분이 있어야 하는지 잘 모르겠습니다. 또 자신의 신앙을 철회하는 자를 사면해야 하는지, 그 사람이 한때 기독교인이었다면 철회해도 소용이 없는지, 범죄하지 않았더라도 기독교의 신앙고백을 하고 그와 관련된 죄를 지었다는 이유만으로 처벌할 수 있는지 정말 모르겠습니다.

지금까지 기독교인으로 적발된 자들에게 제가 준수해온 방법은 이렇습니다. 먼저 저는 그들이 기독교인인지 심문했습니다. 이에 그들이 자백하면 저는 사형의 위협을 가하면서 두 번, 세 번 그 질문을 반복했습니다. 만약 그들이 굴하지 않고 버틴다면, 그들을 사형에 처하도록 명령했습니다. 왜냐하면 그들의 신앙이 어떤 종류이든지 간에 완고함과 고집은 처벌받아 마땅하다고 생각했기 때문입니다. 이외에도 같은 광기에 사로잡힌 자들이 있었지만, 그들은 로마 시민이었기 때문에 저는 그들을 그곳(로마—역주)으로 보내도록 지시했습니다.

이러한 혐의는 (보통 그렇듯이) 단순히 그 사안이 조사되고 있다는 사실만으로도 확산됐고, 몇 가지 형태의 해악이 드러났습니다. 한 표지물(placard)이 게시됐는데, 거기에는 아무런 서명도 없이 수많은 사람의 이름이 고발되어 있었습니다. 그들은 기독교인이거나 기독교인이었던 것을 부인하는 자들로서, 저를 따라 신들에게 반복적으로 기도하며 술과 향으로 신들과 더불어 황제 폐하의 동상에 경배하고—바로 이 때문에 제가 이 동상을 가져다 놓았습니다—마침내 그리스도를 저주하는 자들입니다. 저는 이들이 석방되어야 한다고 생각합니다. 밀고자가 고발한 또 다른 사람들은 처음에는 자신들을 기독교인으로 고백했지만, 곧 신앙을 부인하며 과거에 기독교인이었고 몇 년 전부터 믿기를 멈추었다고 말했습니다. 이들 모두는 이제 황제 폐하와 신들의 형상을 숭배하고, 그리스도를 저주합니다.

그러나 그들은 자신들이 저지른 죄와 과실 전부를 분명히 말했습니다. 그들은 특정한 날을 정하여 해가 밝기 전에 만나 그리스도를 신으로 경배하는 찬송을 돌아가며 불렀고, 악한 행위를 하지 않겠다는 엄숙한 선서로 자신들을 구속시키는 버릇이 있었습니다. 여기서 악한 행위를 하지 않겠다는 것은, 사기, 도둑질, 간통을 하지 않겠다는 것이고, 자신들의 말을 왜곡하지 않으며 맹세를 포기하라고 요구받았을 때도 그렇게 하지 않는 것을 말합니다. 이러한 만남이 있은 후에, 이들은 흩어졌다가 음식—평범하고 흠이 없는 음식—을 먹기 위해 다시 모였습니다. 하지만 황제의 명령을 따라 정치 결사체를 금하는 저의 칙령이 발표된 후에 이들은 이러한 관행조차도 중단했습니다. 그래서 저는 집사(deaconesses)로 불리는 두 명의 여성 노예를 고문하여 그들로부터 진실을 알아내는 것이 더욱 필요하다고 생각했지만, 부패하고 과도한 미신 이외에는 어떤 것도 알아낼 수 없었습니다.

그러므로 저는 법적 절차를 연기하고 황제 폐하께 자문을 구하고자 서둘렀습니다. 왜냐하면 제가 볼 때 특히 그 수가 멸종될 위기에 처해 있다는 사실을 고려하면 이 문제를 폐하께 말씀드릴 가치가 있어 보였기 때문입니다. 모든 나이, 계급, 성별에 속한 많은 사람이 재판에 넘겨지고 있고, 또 그렇게 될 것입니다. 이 전염성이 있는 미신은 로마의 도시들에만 국한된 것이 아니라, 지방 마을에도 퍼졌습니다. 그러나 이 미신을 억제하고 바로잡는 것은 가능해보입니다. 적어도 분명한 것은 그동안 거의 버려진 상태였던 신전들이 다시 사람들로 차기 시작했고, 긴 막간이 지나고 이제 신성한 의식들이 다시금 회복되고 있습니다. 지금까지는 구매자가 거의 존재하지 않았던 희생제물에도 포괄적인 수요가 발생했습니다. 이를 통해 볼 때, 수많은 사람

이 그들의 마음을 변화시킬 수 있도록 문을 열어둔다면, 그
들이 이 실수로부터 마음을 고쳐먹게 되리라는 것은 상상
하기 어려운 일이 아닐 것입니다.[8]

이에 트라야누스 황제는 (자신이 세쿤두스[Secundus]라고 부르
는) 플리니우스에게 매우 간략하게 답했다(*Epistles* 10.97).

나의 세쿤두스여, 그대에게 기독교인으로 적발당한 자들에
대한 사건을 조사할 때 그대가 추구한 방법은 적절합니다.
이러한 성격을 지닌 모든 사건에 고정된 기준으로 적용될
수 있는 일반 규칙을 정하는 것은 불가능합니다. 이 사람들
에게 어떤 수색도 이루어져서는 안 됩니다. 그들이 고발당
하여 유죄임이 밝혀졌을 때 처벌받아야 합니다. 그러나 제
한이 있습니다. 한 사람이 기독교인임을 부인하고 그에 대
한 증거(예를 들면, 우리의 신들을 숭배함으로써)를 보여줄 때, 그
사람은 이전에는 의심받았을 수 있었겠지만 회개했다는
이유로 용서받아야 할 것입니다. 누군가에 대한 익명으로

---

8.   나의 번역은 William Melmoth, *Pliny, Letters*, rev. W. M. L. Hutchin-son, vol. 2 (London: William Heinemann, 1924), 401-5을 자유롭게 각색한 것이다.

된 혐의 제기는 증거로 인정되지 않아야 합니다. 왜냐하면 그것이 아주 위험한 선례를 도입하고 있고, 우리 시대에 결코 적합하지 않기 때문입니다.[9]

다수의 기독교인

우리는 이 두 서신으로부터 몇 가지 결론을 도출할 수 있다. 첫째, 플리니우스와 트라야누스 황제 둘 다 기독교인을 좋아하지 않았다. 둘째, 기독교인이 되는 것은 종종 어려운 일이었다. 셋째, 플리니우스 시대에 다수의 기독교인이 있었던 것으로 보이는데, 이는 타키투스의 『연대기』(*Annals*)에서도 발견되는 주제다. 타키투스는 로마에 있는 '무수한 사람들'을 언급했고, 저 비두니아의 총독(플리니우스를 말함—역주)은 그의 지역에서 너무나 많은 사람이 기독교인이 되어서 신전들이 거의 폐허가 되고 있고, 희생제물 고기를 판매하는 자들은 고객을 찾으려고 분투하고 있다고 황제에게 편지하고 있다. 물론 우리는 플리니우스가, 신전이 폐허가 됐고 희생제물 고기를 사려는 사람이 거의 없다고 묘사하는 것 이면에서 수사학적 미사여구를 발견할 수 없는 것은 아니다. 하지만 그럼에도 편지를 쓰고 있는 플리니우스는 트라야누스 황

---

9.   내 번역은 Melmoth, *Pliny, Letters*, 2:407을 자유롭게 각색한 것이다.

제에게 자신이 다스리는 지방과 관련하여 거짓으로 보고하고 있다는 인상을 주는 모험을 하고 싶지는 않았을 것이다.

이 비기독교 자료에 나타난 상황은 신약의 사도행전에 묘사된 상황과 매우 유사하고, 이는 복음서의 진정성 문제와도 매우 관련이 있다. 왜냐하면 사도행전의 문체는 그 저자가 누가복음 저자와 동일인에 의해 기록됐음을 나타내주기 때문이다. 사도행전 19장은 에베소 남쪽의 상황을 묘사한다. 그곳에서 너무나 많은 사람들이 기독교로 개종해서 은세공인들(silversmiths)은 자기들이 만든 신들의 형상을 판매할 수 없었고, 그래서 큰 폭동이 일어났다.

이 두 자료를 함께 놓고 읽을 때, 당시 수많은 사람이 기독교인이 됐다고 보는 것이 가장 자연스럽다. 기독교인이 많았다는 것만으로 그들의 믿음이 진짜였다고 볼 필요는 없다. 거짓된 믿음도 빠르게 전파될 수 있다. 그러나 이 많은 수의 기독교인은 초기 기독교에 대한 몇 가지 설명을 더욱 어렵게 만든다.

기독교 신앙이 점진적인 발전으로 생겨났다고 말하는 자들은 보통 기독교가 믿는 핵심 신앙의 일부가 한참 후에 생겨났다고 주장한다. 그러나 예수께서 속죄를 위한 희생제물로써 죽으시고 몸으로 부활하셨다는 기독교의 핵심 신앙이 단지 나중에 첨가된 것일 뿐이라면, 어떻게 우리는 그러한 신앙을 가진 기독교인들이 지리적으로 넓게 분포되어 있었다는 것을 설명할 수 있을까? 초기 기독교에 대한 독립 자료 대부분은 이러한 신앙을 분명하게 또는 함축적으로 담고 있다. 만약 많은 수의 초기 기독교인들이 그러한 기독교의 핵심 신앙을 믿지 않았다면, 나중에 이 문제와 관련된 기독교 신앙을 획일화시켰다고 설명하는 것은 정말로 불가능하다. 그리고 당시는 여행하는 것이 어려웠고 심지어 위험하기까지 했기 때문에 정치적 권위가 없는 어떤 집단이 널리 퍼져 있는 많은 수의 추종자들에게 신앙의 주요 변화를 강요하는 것은 불가능했다고 생각할 수 있다.

단 한 분이신 하나님

이 서신의 또 다른 특징은 고려할 가치가 있다. 플리니우스와 트라야누스 황제는 의심받는 기독교인들에게 적용할 검사 기준에 합의했다. 의심받는 자들은 로마의 신들을 숭배함으로써 스스로가 기독교인이 아니라는 것을 보여주어야 했다. 황제는 편지의 답장에 '한 사람이 기독교인임을 부인하고 그에 대한 증거(예를 들면, 우리의 신들을 숭배함으로써)를 보여줄 때'라고 씀으로써 기독교인들이 무엇을 지지하고 있는

지 알고 있음을 보여주었다. 트라야누스 황제는 기독교 신앙
에 대해서 충분히 알고 있었고, 그래서 이것을 적절한 기준
으로 여기며 만족했던 것이다.

　플리니우스 자신도 몇 가지 검사 기준을 가지고 있었다.
그리스도를 저주하는 것 외에, 다른 모든 검사 기준은 로마
의 신들(이 신들 중에는 어떤 식으로든 황제가 포함됐다)을 숭배하는
것과 관련이 있었다. 우리는 오직 한 분이신 하나님만을 믿
는 후기 기독교인들의 믿음에 대해서 알고 있기에 이는 결코
놀라운 것이 아니다. 이러한 신앙은 존재하는 가장 초기의
기독교 문서에 일관되게 나타나는 바이다.[10] 모든 사람들이
기독교가 오직 한 분이신 하나님만이 계시고 그분만이 경배
받으셔야 한다는 유대교 안에서 생겨났다는 점에 동의하기
때문에, 이 기독교 신앙이 어디에서 나오게 됐는지를 찾아내
는 것은 어려운 일이 아니다. 이러한 증거들이 가리키는 가
장 단순한 견해는, 기독교인들이 가장 초기부터 한 분 하나
님, 즉 피조물과는 완전히 구분되시는 창조주께서 계신다는
믿음을 **유지했다**는 것이다.

　그러나 플리니우스가 트라야누스에게 보내는 이 편지에
서 우리를 놀라게 하는 지점은, 3년 전, '수년 전', 또는 심지

10.　예, 고전 8:6; 엡 4:6; 딤전 2:5.

어 자그마치 20년 전에 기독교를 버린 자들이 초기 기독교인의 모임을 묘사하는 부분이다. 주후 111년부터 대략 20년 전으로 거슬러 올라가면, 우리는 비두니아의 총독이 황제에게 **1세기 기독교인의 모임**에 대해 설명하는 것을 보게 된다.

일터와 가정에서의 온전함과 일반적인 정직에 대한 반복적인 강조 외에도 우리는 또한 초기 기독교인들이 동트기 전에 모여서 마치 신에게 하듯 그리스도를 찬양했다고 묘사되는 것을 보게 되는데, 이것은 예배 말고 다른 어떤 것으로 간주되기 어렵다. 하나님께 찬양한다는 언급은 없다. 그리스도만이 초기 기독교 예배의 중심이다. 라틴어에는 부정관사가 없기 때문에 플리니우스의 '콰시 데오'(*quasi deo*)라는 표현은 '마치 하나님께 하듯이' 또는 '마치 한 신에게 하듯이'를 의미할 수 있다. 그런데 우리는 황제를 따라 누가 기독교인인지를 판별하는 아주 확실한 기준이 로마의 신들을 숭배할 수 있는지 여부임을 알고 있다. 기독교인들은 창조주 하나님 외에는 다른 어떤 존재도 예배할 수 없다는 유대교의 입장을 유지하고 있기 때문에 그렇게 할 준비가 되어있지 **않았다**.

그렇다면 그들은 어떻게 그리스도를 숭배할 수 있었을까? 그 대답은 아주 정확하면서 단순하다.

어떻게 기독교가 생겨났는지에 대한 대중적인 견해 가운

데, 그리스도를 숭배하고 그분을 하나님으로 대하는 것이 틀림없이 점진적인 발전 과정을 통해서 생겨났다는 제안이 종종 있었다. 이러한 생각의 문제점은 기독교가 발생한 유대교 유일신론이 한 분이신 창조주와 그가 창조한 모든 것 사이의 예리한 이분법을 유지했다는 데 있다. 신의 수는 단 하나로 엄격하게 제한됐다. 이것은 유대교 범주를 고수하는 자들이 그리스도를 단순한 인간에서 완전한 신으로 나아가는 과도기의 어디쯤엔가에 위치한 신격화된 인간(demigod)으로 생각하지 않았다는 것을 의미한다. 유대교에는 반쪽짜리 신이란 존재하지 않는다. 그래서 그리스도는 인간에서 신으로 가는 중간 지점에 있는 존재로 결코 간주되지 않았을 것이고, 수적으로 하나(하나님—역주)에 더하여 반쪽인 신(반쯤 신인 그리스도—역주)은 불가능한 것이었다. 고전적인 유대교 범주에서 어떤 한 존재가 신으로 여겨지기까지 점점 더 많은 영예와 경의를 부여하는 발전 경로는 존재하지 않았다.[11]

---

11. 랍비 전문가인 다니엘 보야린(Daniel Boyarin)은 "예수 시대의 많은 이스라엘 사람들이 신적이면서도 인간의 형상을 입고 이 땅에 오는 메시아를 기대하고 있었다"고 주장한다. 이러한 입장은 논쟁의 여지가 있지만, 예수의 신성에 대한 믿음이 초기의 것이었다고 여전히 주장한다. 보야린은 "예수를 신적-인간 메시아로 생각하는 것은 기독교 운동의 초기와 예수 자신에게로 거슬러 올라갈 뿐만 아니라, 심지어 그전까지 거슬러 올라간다"라고 말한다. Daniel Boyarin, *The Jewish*

게다가 트라야누스 황제는 초기 기독교인들이 어떻게 그리스도를 숭배했는지 들은 **이후**에조차도 여전히 로마의 신들을 숭배하는 것만이 누군가가 더 이상 기독교인이 아니라는 충분한 증거라고 주장했다. 그래서 황제가 기독교를 이해할 때 사실상 그리스도가 초기 기독교인들의 신이라고 생각했다.

요약하면, 우리가 타키투스와 플리니우스에게서 얻은 그림은 우리가 신약성경에서 발견한 것과 중요한 방식으로 일치한다. 그리스도께서 본디오 빌라도 아래에서 처형당하셨고 곧바로 한 분 하나님을 믿는 유대교의 핵심 신앙을 간직하고 있는 사람들에 의해 하나님으로 여겨지셨다. 또한 기독교는 급속하게 확산됐고, 기독교인이 되는 것은 때때로 어려운 일이었다.

이 모든 것은 기독교가 왜 그렇게 빨리 확산됐고, 로마가 공개적으로 처형해서 실패자로 드러난 자가 어떻게 그렇게 빨리 숭배받을 자로 여겨졌는지에 대한 의문을 제기한다. 유대인들은 인간에 불과한 자들을 숭배하기를 싫어했고, 몇몇 비유대인들(이방인들)이 유대인들을 좋아하기도 했지만, 대다

Gospels: *The Story of the Jewish Christ* (New York: New Press, 2012), 6, 7 [= 『유대배경으로 읽는 복음서』, 감은사, 2019]을 보라.

수는 그렇지 않았다. 로마 제국 안에 있던 수많은 이방인 사이에서 매우 유대적으로 보였을 한 종교가 확산됐다는 사실은 뭔가 더 설득력 있는 설명을 필요로 한다.

플라비우스 요세푸스

우리의 세 번째 비기독교 작가는 유대 역사가 플라비우스 요세푸스(Flavius Josephus)다. 그는 대략 주후 37년 혹은 38년에 태어났고 주후 100년이 지난 어떤 시점에 생을 마감했다. 요세푸스는 주후 66년 로마에 대항한 첫 유대 항쟁이 진행됐을 때 갈릴리에서 유대인 군대를 이끌었던 지휘관이었다. 요세푸스는 67년에 로마의 포로로 붙잡혔고 69년 7월에 베스파시아누스가 황제가 될 것이라고 예언했다고 전해진다. 요세푸스는 베스파시아누스와 이후 황제들의 호의를 얻었고, 로마 시민이 되어, 베스파시아누스 가문의 이름을 따라 플라비우스라는 이름을 얻게 됐다. 요세푸스는 남은 생을 로마에서 보내는 동안 ⟨표 1.2⟩에 나오는 작품들을 썼다.

<표 1.2. 요세푸스의 저술>

제목	내용	길이	대략적 연대
Jewish War [= 『요세푸스 3권: 유대 전쟁사』, 생명의말씀사, 2006]	주후 66-73년 동안, 유대교와 로마의 전쟁에 관한 이야기	7권	주후 79년
Jewish Antiquities [= 『요세푸스 1-2권: 유대 고대사』, 생명의말씀사, 2006]	창조부터 시작되는 유대인의 역사	20권	주후 93년
Life of Josephus [= 『요세푸스 4권: 요세푸스 자서전과 아피온 반박문』, 생명의말씀사, 2007]	유대교와 로마의 전쟁에 초점이 맞춰진 자서전	1권	주후 93년
Against Apion [= 『요세푸스 4권: 요세푸스 자서전과 아피온 반박문』, 생명의말씀사, 2007]	고대성을 강조하는 유대교 변증	2권	주후 95년

요세푸스는 1세기 팔레스타인에서 일어난 사건들을 전하는 단 한 명의 가장 중요한 역사가다. 역사서인 『유대 고대사』에서 예수 그리스도 및 복음서의 주요 인물인 세례 요한에[12] 대해 언급하기 때문에 매우 흥미롭다.

요세푸스 『유대 고대사』의 그리스어 사본에는 예수 그리스도가 두 번 언급되는데, 그중 하나는 다수의 학자들에 의해서 이차적인 첨가(즉, 요세푸스가 쓴 것이 아닌 부분) 혹은 책을

---

12. Josephus, *Antiquities* 18.116-19. 또한 본서 제4장에 나오는 '두 아내'에 대한 논의를 보라.

필사하는 과정에서 생긴 합성(contamination)으로 판단된다.[13]
다른 한 구절은 유대인 대제사장 안나스가 주후 62년 총독
이 없는 상황에서 권력 공백을 활용하여 다음과 같이 행동했
다고 말해준다. "[안나스는] 산헤드린 법관들을 소집하고 그들
앞에 그리스도라 불리는 예수의 형제 야고보와 다른 몇몇 사
람들을 데리고 왔다. 안나스는 이들이 율법을 범했다고 고발
하며, 돌에 맞아 죽도록 넘겨주었다."[14] 이 보도가 있었을 때
요세푸스는 성인이었는데, 이는 아마도 그가 살고 있었던 예
루살렘 도시에서 일어났을 것이다. 이 내용은 마태복음
13:55과 마가복음 6:3에 나오는 예수께서 야고보라 불리는
형제를 가지고 있었다는 진술을 분명히 해준다.[15] 1세기 기독
교인들에 따르면 야고보는 예루살렘 기독교인들의 지도자
였다(행 15:13; 갈 1:19; 2:9). 그래서 대제사장 안나스는 야고보와
다른 그리스도인들을 율법 위반자로 인식하며, 그들을 박해
하는 일에 참여했었던 것처럼 보인다.

---

13. Josephus, *Antiquities* 18.63-64.
14. Josephus, *Antiquities* 20.200, Loeb Classical Library 456 (Cambridge, MA: Harvard University Press, 1965), 107-9.
15. '형제'는 '이복형제'를 의미할 수 있고, 마 13:55에서 이 명칭을 사용하는 것은 요셉뿐만 아니라 다른 어떤 남성도 마리아의 임신에 기여하지 않았다고 보는 마 1:18-25에 나타나는 관점과 양립할 수 있는 것으로 제시된다.

요세푸스의 이러한 상황 묘사는 신약성경에 나타나는 박해에 대한 빈번한 기록뿐만 아니라, 우리가 이미 타키투스와 플리니우스를 통해서 본 내용과도 잘 들어맞는다. 비기독교인들의 자료는 초기 기독교인들이 경험했던 어려움을 기록하는 데 있어서 기독교 자료와 기본적으로 일치한다.

그러나 요세푸스의 기록과 타키투스와 플리니우스의 기록은 꽤 다른 측면도 있다. 타키투스와 플리니우스는 기독교가 얼마나 멀리, 그리고 빠르게 확산됐는지에 대한 증거를 제시하지만, 요세푸스는 심지어 기독교가 수십 년간 지속된 이후에도 예수를 따르는 이 운동에 예수의 가족 구성원들이 여전히 존재했었다는 사실을 알려준다. 이것은 흥미롭다. 왜냐하면 야고보가 그런 역할을 하려면, 십자가에 달린 자신의 형제가 유대교의 약속된 구원자, 즉 (그리스도라는 이름이 의미하는 바) 메시아라는 사실을 믿었거나, 적어도 믿는 척이라도 해야 했기 때문이다. 게다가 야고보가 자신의 신앙 때문에 죽었다는 사실은 그가 진실했을 뿐만 아니라 진정으로 자신의 형제를 메시아로 믿었음을 나타낸다고 보는 것이 훨씬 더 자연스럽다.

이것으로부터 몇 가지 사실이 뒤따른다. 형제는 비록 동생이라고 해도 보통 자기 가족 구성원들의 삶에 대해서 잘 알고 있다. 예를 들면, 야고보는 형제 예수가 어디에서 태어났는지, 또 어떤 혈통이고, 부모가 요셉을 예수의 생물학적인 친아버지로 제시했는지에 대해 들으면서 자랐을 가능성이 매우 크다. 만약 야고보가 가족 구성원, 형제 예수를 진정메시아로 믿었다면, 예루살렘 교회에서 야고보의 리더십은아마도 주요한 새로운 가르침들이 쉽게 수용될 만한 환경을제공하지 않았을 것이다.

마태복음과 누가복음은 1세기 초로 거슬러 올라가서 예수께서 구약 선지자 미가가 미래 이스라엘의 통치자가 나올것이라고 예언했던 베들레헴에서 한 처녀를 통해 탄생하셨다고 증거한다(미 5:2). 네 권의 복음서는 예수께서 다윗의 후손임을 증언한다.[16] 신약성경의 회의적인 독자들은 이러한신앙이 시간이 지나면서 예수를 메시아로 전하는 말이 퍼져나갈 때 생겨난 과장을 통해 발생했다고 추정한다. 하지만

---

16. 요 7:42에서, 예수께서 베들레헴에서 태어나셨고 다윗의 후손이라는
    믿음은 아이러니를 사용하면서 전달된다. 신약 시대의 몇몇 사람들이
    자신들의 계보를 다윗까지 거슬러 올라갈 수 있었다고 주장하는 가능
    성 있는 증거 자료를 위해서는 *Corpus Inscriptionum Iudaeae/Palaes-*
    tinae, vol. 1, *Jerusalem, Part 1:1–704*, ed. Hannah M. Cotton, Leah Di
    Segni, Werner Eck, Benjamin Isaac, Alla Kushnir-Stein, Haggai
    Misgav, Jonathan Price, Israel Roll, and Ada Yardeni (Berlin: De
    Gruyter, 2010), 88–90을 보라.

이것의 문제점은 그러한 윤색(embellishments)이 발생할 수 있었던 맥락을 찾기가 어렵다는 데 있다.

사실 기독교의 첫 30여 년 동안 예수의 가족 중 진실한 사람 한 명 이상이 초기 교회에서 중요한 역할을 감당했다고 보는 것이 가장 자연스럽다. (대략 주후 56년에 기록된) 고린도전서 9:5에 따르면, 예수의 한 형제만이 아니라 '형제들'이 배우자들과 순회하며 기독교의 메시지를 전했다고 한다. 이것은 예수의 가족 기원에 대한 새로운 신앙이 발생하기 어려웠을 상황을 암시한다.

그렇다면 이때 그러한 믿음이 야고보가 죽은 주후 62년에 생겨났다고 보는 것은 가능한가? 새로운 신앙이 나중에 발생했다고 보는 것의 문제는, 그때쯤에는 기독교가 너무 멀리, 그리고 너무 빠르게 퍼져 있어서 혁신을 도입하기가 어려웠을 것이라는 사실이다. 우선 새로운 교리를 퍼뜨리기를 원하는 누구든지 그 신앙을 전파하기 위해 널리 순회해야 했을 것이고, 또한 기존에 확립된 신앙을 대체하려고 할 때 발생하는 저항을 극복해야 했을 것이다.

예를 들어, 예수께서 베들레헴에서 태어났다는 것을 생각해보자. 만약 위대한 이스라엘 왕조를 세운 창시자의 후손이 그 마을—한 선지자가 미래의 통치자가 나올 것이라고 예언했던 마을—에서 한 처녀의 몸으로부터 탄생했다는 주장의 괄목할 만한 특징을 무시한다고 해도, 저 문서 증거에 대한 가장 확실한 견해는 기독교가 처음으로 퍼지기 시작한 때부터 이러한 신앙이 이미 작동되고 있었다는 점이다. 기적적인 수태에 관한 것은 아니지만 유사한 믿음이, 복음서처럼 그 사건들에 (시간적으로) 가까운 문서에서, 그리고 초기 기독교인들처럼 널리 퍼져 있는 사람들 사이에서 입증된다면, 어떤 사람도 그러한 믿음이 사실이라고 믿는 데 어려움을 느끼지 않았을 것이다. 이 믿음은 그 메시지가 확산되는 첫 수십 년 동안 참된 가족 구성원이 주위에 있었다면 반드시 참일 것이다.

우리는 제8장에서 기적의 문제를 다룰 것인데, 이것은 몇몇 사람들에게 복음서 기사를 역사적으로 믿는 데 문제가 되게 만든다. 내가 이 단계에서 명확히 하고자 하는 바는, 예수에 대한 주장의 놀라운 성격(amazing nature: 예를 들면 '기적'—편주)이 아니었다면 누구도 예수 생애의 사건들을 기록한 전기의 세부 사항(biographical details)을 믿는 데 문제가 없었을 것이라는 점이다.

우리는 지금까지 세 명의 비기독교 저자들이 예수 그리스도와 기독교인들에 대해서 말한 것을 살펴보았다. 우리는 다음의 다섯 가지를 알 수 있었다.

- 그리스도께서 대략 주후 26-36년에 본디오 빌라도가 다스리던 때에 유대 지역에서 죽으신 것과 같은 신약에 나오는 기본적인 사실에 대한 확증
- 그리스도께서 초기부터 하나님으로 숭배받으심
- 그리스도를 따르는 자들은 종종 박해를 경험함
- 기독교인들은 멀리, 그리고 빠르게 퍼져나감
- 몇몇 초기 기독교 지도자들은 그리스도의 가족 기원에 대해 알고 있었음

제2장
네 권의 복음서는 무엇인가?

제1장에서 우리는 비기독교 자료로부터 기독교에 대한 몇 가지 기본적인 정보를 살펴보았다. 기독교는 유대에 사는 예수 그리스도라는 한 남성과 함께 시작됐고, 그는 주후 26년과 36년 사이의 어느 시점에 로마에 의해 처형당했다. 그가 죽고 난 후에 그를 따랐던 자들은 널리 퍼져나갔고 수십 년이 지나 로마 제국의 여러 부분에서 발견됐다. 이와 같은 이야기는 (비기독교 문헌뿐만 아니라) 기독교 문헌에도 나타난다.

더 깊은 연구를 위해 우리는 기독교 자료를 검토할 필요가 있다. 물론 기독교 자료들이 편향적이라는 이유로 묵살해야 한다는 주장이 매력적으로 다가올 수 있지만, 앞서 언급했다시피 저자가 어떤 것을 증명하고 싶어 한다는 이유만으로 그의 글을 신뢰할 수 없는 것으로 못 박아서는 안 된다. 이어지는 부분에서 **마태, 마가, 누가, 요한**이라는 이름은 내가 문맥상 한 개인에 대해서 언급하는 것이 분명한 경우가 아닌 이상, 복음서의 저자들이 아니라 복음서를 가리킨다.

이 네 권의 복음서가 예수의 삶과 가르침에 대한 가장 초기의 확장된 기록이라는 사실에는 대체로 이견이 없다. 몇몇 학자들은 예수의 제자인 도마에 의해서 기록되지 않은 것이 분명한 도마복음이 예수에 대한 중요한 초기 독립 자료로 받아들여져야 한다고 주장해 왔지만, 도마복음은 신약의 글에 의존해서 기록된 문헌일 가능성이 있다.[1] 한때 기독교인이었다가 지금은 회의론자가 된 것으로 널리 알려진 바트 어만 (Bart Ehrman)은 다음과 같이 말했다.

> 조금 있다가 살펴보게 되겠지만 예수 생애를 알 수 있게 해 주는 우리가 가진 가장 오래된 최고의 자료는 신약의 사복음서, 즉 마태복음, 마가복음, 누가복음, 요한복음이다. 이

---

1. 도마복음이 신약의 글들에 의존하고 있다는 증거를 위해서는 S. J. Gathercole, *The Composition of the Gospel of Thomas: Original Language and Influences* (Cambridge: Cambridge University Press, 2012)를 보라.

것은 단순히 신약과 그것이 가진 역사적 가치를 높게 평가
하는 기독교 역사가의 견해만이 아니다. 이는 모든 종류의
진지한 고대 역사가의 견해이고, 여기에는 열정적인 복음
주의자들부터 철저한 무신론자들까지 포함된다.[2]

　사복음서는 정치권력의 결과로 선택된 것이 아니다. 어
떤 중앙 권력이 사람들에게 사복음서를 받아들이라고 강요
하지 않았는데도 초기 기독교인들은 사복음서를 예수 생애
에 대한 최고의 정보를 담고 있는 자료로 받아들였다. 우리
가 다음의 사실에서 알 수 있듯이 사복음서는 이미 2세기 후
반과 3세기 초에 공인된 문서 모음이었다.

　아일랜드 더블린에 있는 체스터 비티 도서관(Chester Beatty
Library)에는 45번 파피루스(Papyrus 45)라고 불리는 사본이 소
장되어 있는데, 그 사본은 사복음서와 사도행전을 담고 있
다. 이 사본은 아마도 3세기 초에 이집트 남부에서 만들어진
것 같다.[3]

2.　Bart D. Ehrman, *Truth and Fiction in The Da Vinci Code* (Oxford:
　　Oxford University Press, 2004), 102 [=『예수는 결혼하지 않았다』,
　　언그라픽스, 2005].

3.　Dublin, Chester Beatty Library, Papyrus Chester Beatty I. 또한 비엔
　　나에 한 장의 Papyrus 45가 있다. Austrian National Library, Papyrus

조금 더 거슬러 올라가면, 주후 185년경에 글을 쓴 프랑스 리옹의 주교 이레네우스(Irenaeus)는 하나님께서 복음서를 사중 형태로 주셨고, 그것을 사복음서라고 불러야 한다고 말했다.

이보다 훨씬 더 이전인, 아마 173년경에 타티아노스(Tatian)라고 불리는 한 남성은 사복음서에 근거해서 예수 이야기를 연대기적으로 재배열하여 하나의 이야기로 다시 들려주었다. 『디아테사론』(Diatessaron)으로 알려진 이 작품은 시리아에서 제작됐을 가능성이 매우 크다. 비록 이 작품이 오늘날까지 남아있지는 않지만, 중세 시대에 존재했던 다양한 종류의 사복음서 대조판(harmonies of the Gospels)에 영향을 준 것으로 여겨진다.

그러므로 3세기 초까지 프랑스, 이집트 남부, 시리아에서

Greek 31974. 비슷한 연대의 불완전한 바티칸 사본인 Papyrus 75 또는 Papyrus Bodmer XIV-XV이 있는데, 여기에는 누가복음과 요한복음이 포함되어 있다. 사본의 연대는 일반적으로 손으로 글을 썼던 시기와 사본이 발견된 고고학적인 배경에 근거를 둔다. 학자들은 성경 사본이 기록된 연대를 법률 문서가 기록된 시기와 비교함으로써 정한다. 왜냐하면 종종 법률 문서에는 그 위에 연대가 기록되어 있기 때문이다. 이런 식으로 사본의 연대를 정하는 것은 정확하지 않지만, 학자들은 한 사본의 연대를 100년 정도의 범위 내에서 정할 정도로 충분히 확신한다.

발견된 모든 증거를 통해서 볼 때, 사복음서가 하나로 묶인 특별한 모음집으로 여겨졌음을 알게 된다.[4] 다시 말해, 이 네 권의 책은 어떤 기독교 중심 도시나 집단, 또는 개인이 다른 이들에게 이에 대해 강요할 수 있는 충분한 권력을 소유하기 훨씬 이전부터 예수에 대한 최고의 정보 자료로 함께 다루어졌다. 사복음서 그 자체를 신뢰했기 때문에 그렇게 널리 받아들여진 것이라고 생각하는 것이 가장 타당하다.

넷은 하나다

우리가 예수에 대한 네 권의 복음서를 가지고 있다는 이 놀랄 만한 사실은 좀처럼 제대로 인식되지 않고 있다. 이것은 그 시대에 살던 어떤 개인과 관련해서 가질 수 있는 풍성한 자료다. 사실 예수께서 로마 제국의 주변부에 있기는 하셨지만, 우리는 예수의 공생애 기간에 황제였던 티베리우스의 활동과 대화에 대해서 알 수 있는 만큼 예수의 생애와 가

---

4. 초기 사복음서 모음집에 대한 증거를 위해서 Charles E. Hill, *Who Chose the Gospels? Probing the Great Gospel Conspiracy* (Oxford: Oxford University Press, 2010)를 보라.

르침에 관해 알 수 있게 해주는 많은 초기 자료를 가지고 있다. (주후 14-37년에 다스린) 티베리우스의 생애와 예수의 생애는 〈표 2.1〉과 〈표 2.2〉에 나오는 네 가지 주요 자료에 각각 기록되어 있다.[5]

<표 2.1. 티베리우스 황제에 대한 주요 자료>

저자와 작품	단어수	최초 사본	기록 연대	언어
벨레이우스 파테르쿨루스, 『로마 역사』 2.94-131	6,489	16세기	주후 30년	라틴어
타키투스, 『연대기』 1-6	48,200	9세기	주후 110년 이후*	라틴어
수에토니우스, 『티베리우스』	9,310	9세기	주후 120년 이후	라틴어

5.　모든 수치는 근사치이고, 텍스트의 불확실성과 자동화된 단어 수 카운트와 관련된 부정확성이 고려되어야 한다. 이 수치는 2018년 3월 14일에 온라인 전자 텍스트에 접속하여 생성됐다. 벨레이우스 파테르쿨루스의 경우, http://penelope.uchicago.edu/Thayer/E/home.html; 타키투스와 수에토니우스의 경우, http://www.perseus.tufts.edu; 디오카시우스의 경우, http://remacle.org/bloodwolf/historiens/. 타키투스의 수치는 『연대기』 제5권의 대부분이 존재하지 않는다는 사실이 아니라면 더 높을 수 있다.

*　나는 〈표 1.1〉에서 『연대기』의 가장 초기 연대를 사용했다. 왜냐하면 가능성 있는 연대가 아니라 가장 이른 연대를 반영했기 때문이다. 또한 타키투스가 최종적으로 출판하기 훨씬 전에 『연대기』의 초기 책들을 작업하고 있었을 가능성도 있다.

**　단어 통계는 The Greek New Testament, Produced at Tyndale House, Cambridge (Wheaton, IL: Crossway; Cambridge: Cambridge University Press, 2017)에 근거한다. (막 16:9-20의 단어 수는 제외됐다.)

| 디오 카시우스,
『로마 역사』 57-58 | 14,293 | 9세기 | 주후 200년 이후 | 그리스어 |

<표 2.2. 예수에 대한 주요 자료**>

복음서	단어 수	가장 초기의 완전한 사본	가장 초기의 불완전 사본	언어
마태복음	18,347	4세기	2/3세기	그리스어
마가복음	11,103	4세기	3세기	그리스어
누가복음	19,463	4세기	3세기	그리스어
요한복음	15,445	4세기	2세기	그리스어

티베리우스와 동시대 인물인 벨레이우스 파테르쿨루스(Velleius Paterculus)의 것을 제외한 티베리우스에 대한 모든 자료는 해당 사건들이 있은 지 80년 혹은 그 이상이 지나고 난 후에 나왔다. 가장 초기 사본은 훨씬 후에 나왔고 복음서가 가진 것보다 훨씬 더 적은 사본 증거를 가지고 있다. 우리가 아래에서 살펴보겠지만 복음서와 예수의 활동 사이의 거리가 80년보다 훨씬 가깝다는 것은 거의 확실하다.

두 가지 특정 부분에서 티베리우스에 대한 기록이 더 우수해 보일 수 있다. 하나는 벨레이우스 파테르쿨루스가 동시대인으로서 그에 대해 썼다는 점이다. 그러나 파테르쿨루스는 티베리우스의 전도자(propagandist)였고, 아마도 티베리우스의 후원 아래 아첨하는 말을 일삼았던 것 같다. 이러한 이유로 그의 증언은 보통 다른 세 명의 후기 기록자들의 증언보다 가치가 낮다. 이와는 대조적으로 복음서 기자들은 그들의 행적을 쓰라는 상관의 정치적인 압력 아래에 있지 않았음이 확실하다. 타키투스와 수에토니우스의 기록을 믿을 수 있다면, 티베리우스는 자신을 반대하며 글을 쓴 것으로 의심되는 많은 사람들을 처형했을 것이다. 물론, 파테르쿨루스는 이와 관련해서 어떤 것도 언급하지 않는다.

　　티베리우스에 대한 기록의 두 번째 장점은 티베리우스 통치를 다루는, 여섯 권으로 된 타키투스의 『연대기』의 길이이다. 이것은 복음서보다 훨씬 더 긴 것처럼 보인다. 그러나 비록 이 여섯 권의 책이 모두 티베리우스의 통치기 사건들을 다루기는 하지만 모두 다 티베리우스에 대한 것은 아니다. 오히려 『연대기』에서는 티베리우스가 황제로 있었던 **기간**에 일어난 많은 사건들과 음모들에 초점을 맞추고 있다.[6] 마찬가지로 디오 카시우스(Cassius Dio)의 모든 글도 전부 다 티베리우스에 **관한** 것이 아니다. 이와는 대조적으로 세례 요한에 초점을 맞춘 것처럼 보이지만 실상은 예수를 강조하고 있는 마태복음과 누가복음의 짧은 부분을 제외하고, 사복음서 전

6.　마찬가지로 벨레이우스 파테르쿨루스의 장들(chapters)도 전부 티베리우스에 대한 것이 아니다(예, 『로마 역사』 2.117-19).

체는 오로지 예수에게만 초점을 맞추고 있다. 그러므로 우리
는 이러한 결론을 내릴 수 있다. 예수께서 그와 동시대인인
티베리우스, 즉 당시 알려진 세계에서 가장 유명한 사람보다
자신에 대해 기록한, 더욱 확장된 글을 가지고 있고, 그 글은
대체로 (티베리우스의 생애와 그에 대한 기록 사이의 거리보다) 더 가
깝다는 것이다.

물론 티베리우스와 예수는 둘 다 그들에 대한 다른 기록
물도 가지고 있다. 하지만 그 기록물은 그들에 대한 확장된
전기보다 더 많은 역사 정보를 제공해주지 않는다. 티베리우
스에게 있어서 그 기록물에는 동전들 및 역사학자들이 이따
금 언급하는 내용들이 포함되고, 예수에게 있어서는 신약성
경 안에 있는 다른 모든 책들이 포함된다.

그러나 티베리우스의 기록과 예수의 기록을 비교하는 것
이 너무 지나쳐서는 안 된다. 이렇게 비교하는 것 자체만으
로는 복음서의 기록이 티베리우스에 대한 기록보다 반드시
우월하다고 생각할 수 없다. 오히려 이렇게 비교함으로써 우
리는 다음과 같은 관점을 얻게 된다. 그것은 우리가 가지고
있는 예수 텍스트의 양이 고대에 가장 잘 알려진 인물 중 하
나와 비교해볼 때 상당하다는 것이다.

복음서 개관

적어도 (대략 주후 185년에 글을 쓴) 이레네우스의 시대까지 사복음서의 저자들은 다음과 같이 이해됐다.[7]

- 마태는 가버나움 출신의 세금 징수원으로 예수의 열두 제자 중 한 사람이었고 사도로 불렸다.

- 마가는 열두 제자 중 하나는 아니었지만 로마에서 사도 베드로를 돕는 해석자였다. 그는 일반적으로 마가라 하는 요한과 동일 인물로 간주되고, 그의 어머니는 예루살렘에 집(a property)을 가지고 있던 마리아이며(행 12:12), 구브로 출신(행 4:36) 바나바의 사촌이다(골 4:10).

- 누가는 열두 제자 중 하나가 아니라, 의사였다(골 4:14). 그는 바울이 지중해 주변 지역을 여행했을 때 그와 동행했으며 신약성경 저자 중 아마도 유일한 이방인이었을 것이다.

- 세베대의 아들인 요한은 열두 제자 중 하나로서 야고보의 동생이고 가버나움 지역의 어부였다.

---

7. Irenaeus, *Against Heresies* 3.11.8. 또한 Eusebius, *Ecclesiastical History* 3.39 [= 『유세비우스의 교회사』, 은성, 1990]에 인용된 2세기 초의 저자 파피아스(Papias)를 보라.

우리는 나중에 사복음서 저자를 이렇게 이해하는 것을 지지하는 몇 가지 증거를 검토해보겠지만, 지금은 마태와 요한만이 예수의 목격자로 언급됐다는 사실에 주목하려고 한다. 마가는 일부 사건에 목격자일 수 있었을 것이다. 하지만 2세기 초의 작가인 파피아스(Papias)는 마가가 열두 제자의 지도자 격이었던 베드로에게서 정보를 얻었다고 말한다.[8] 누가복음은 그 저자가 목격자가 아니었음을 암시하지만 저자가 목격자들과 함께 모든 사실을 주의 깊게 확인했다고 말한다. 마가와 누가는 모두 목격자가 아니었기 때문에, 그들이 진정한 저자가 아니라면 누군가가 복음서에 저들의 이름을 붙인 동기를 알아내기란 쉬운 일이 아니다.[9]

복음서는 주인공의 생애의 각 부분에 동일한 관심을 기울이는 현대의 전기와는 다르다. 복음서는 예수의 십자가 처형과 부활까지를 포함하는 일주일간의 사건에 불균형적으로 초점을 맞춘다. 오직 마태와 누가만이 예수의 탄생을 특별하게 기록하고, 단지 누가만이 예수의 탄생과 성인기 사이

---

8. Eusebius, *Ecclesiastical History* 3.39.
9. 복음서의 전통적 저작설을 옹호하는 내용을 보려면, Brant Pitre, *The Case for Jesus: The Biblical and Historical Evidence for Christ* (New York: Image, 2016), 12–54을 참조하라.

에 일어난 사건을 기록할 뿐이다(눅 2:41-52을 말함—역주).

우리가 복음서를 살펴볼 때, 복음서는 3 + 1로 분류되는 것처럼 보인다. 마태, 마가, 누가는 요한과 비교했을 때 서로 매우 비슷해 보인다. 언어, 주제, 어법, 순서에 있어서 마태, 마가, 누가는 공통점이 매우 많기 때문에, 같은 시각과 관점을 가지고 있다는 의미에서 공관복음이라고 불린다. 물론 그렇다고는 해도 공관복음은 각기 요한복음에 나오는 내용과 특별한 관계를 가지고 있기도 하다. 그러나 공관복음과 요한복음의 차이는 확연하다. 공관복음은 예수께서 비유로 알려진 이야기를 전하신다고 보도하지만, 요한복음에는 비유 이야기가 없다(자체에 은유나 상징이 없는 것은 아니다—역주). 요한은 예수께서 "나는 생명의 떡이니"(요 6:35), "내가 문이니"(요 10:9), "내가 곧 길이요 진리요 생명이니"(요 14:6)처럼 "나는 … 이다"라는 일곱 개의 특별한 자기주장을 말씀하신 것을 기록하고 있다. 그렇지만 공관복음에는 이 일곱 개 중 어떤 것도 나타나지 않는다. 이는 많은 차이점 중의 몇 가지 예시일 뿐이다.

공관복음서 사이의 관계들을 비교해보자. 한 가지 예를 들어 보면, 마태와 누가는 둘 다 거의 동일한 문구(wording)를 사용하며 세례 요한의 설교를 기록하고 있다. 그리스어로 연속되는 41개의 단어 중에 오직 세 군데의 작은 차이만이 있을 뿐이다.

> 요한은 바리새파 사람과 사두개파 사람들 대다수가 자신에게 세례를 받으러 나아오는 것을 보고, 그들에게 말했다. "독사의 자식들아, 누가 너희에게 닥쳐올 진노를 피하라고 일러주더냐? **회개에 합당한 열매**(fruit)를 맺어라. 그리고 너희는 너희 자신에게 '아브라함이 우리 조상이다'라고 말하려고 **생각하지**(presume) 말아라. 왜냐하면, 내가 너희에게 말하는데, 하나님께서는 이 돌들로도 아브라함의 자손을 만드실 수 있기 때문이다. (마 3:7-9)

> 요한은 자신에게 세례를 받으러 나아오는 무리에게 말했다. "독사의 자식들아, 누가 너희에게 닥쳐올 진노를 피하라고 일러주더냐? **회개에 합당한 열매들**(fruits)을 맺어라. 그리고 너희는 너희 자신에게 '아브라함이 우리 조상이다'라고 말하려고 **시작하지**(begin) 말아라. 왜냐하면, 내가 너희에게 말하는데, 하나님께서는 이 돌들로도 아브라함의 자손을 만드실 수 있기 때문이다. (눅 3:7-8)[10]

---

10. 나는 한 부분에서 구두점과 뒤따르는 대문자 사용을 조정했다.

우리는 먼저 세례 요한의 연설을 도입하는 부분이 두 복음서에서 다르게 나타나는 것을 즉시 알 수 있다. 그러나 이 연설 자체에서는 그리스어로 볼 때 딱 세 단어만 다르다. 마태복음에서 '열매'는 단수고, 누가복음에서는 복수다. 이것은 '~에 합당한'으로 번역된 그리스어 형용사에 각 복음서의 명사가 일치해야 함을 의미하는데, 이는 영어(한국어에서도 역시—역주) 번역에서는 좀처럼 알아볼 수 없는 작은 차이다. 마지막으로 마태는 '생각하다'(presume)라는 단어를 사용했고, 누가는 '시작하다'(begin)라는 단어를 사용했다.

학자들은 이 본문과 다른 많은 본문에 동일하게 나타난 언어적 유사성을 통해 다음과 같은 결론을 내린다. 그것은 바로 마태복음과 누가복음 중 하나가 다른 하나를 자료로 사용했거나 또는 그 두 복음서 뒤에 공통자료가 있다는 것이다.

사람들은 종종 공관복음 사이의 관계를 통계학적으로 제시하려고 하며 그것들 사이의 유사성과 차이점의 비율에 관해서 이야기한다. 이것은 유용한 면이 있기는 하지만 우리는 유사성의 비율이 셈하는 방식에 따라 달라진다는 사실을 기억해야 한다. 만약 같은 단어가 두 복음서에 사용되지만 다른 문법적인 형태로 사용되거나 문장 속에서 약간 다른 위치에서 사용된다면 그 용례는 측정되고 있는 것이 무엇인지에 따라 유사성에 포함될 수도 있고 차이점에 포함될 수도 있다. 그러므로 우리는 수치가 다르다는 사실에 놀라지 말아야 한다.

만약 엄격하게 셈하여 문법적인 형태가 일치하는 단어들만 생각한다고 해도, 우리는 마태와 마가와 누가 중 둘이나 셋이 평행본문을 가지는 본문에서 여전히 상당한 연관성을 발견하게 된다(〈표 2.3〉을 보라).[11]

<표 2.3. 공관복음서 간의 연관성>

복음서	정확히 같은 단어 형태의 수
마태, 마가, 누가	1,852
마태, 마가	2,735
마태, 누가	2,386
마가, 누가	1,165

가장 초기에는 복음서의 작성 순서에 있어서 마태가 가장 먼저 기록됐고 마가와 누가가 그 뒤를 이으며 요한이 제

---

11. 이 데이터는 Andris Abakuks, "A Statistical Study of the Triple-Link Model in the Synoptic Problem," *Journal of the Royal Statistical Society: Series A* 169, pt. 1 (2006): 49–60에서 가져온 것이다.

일 마지막에 기록됐다고 보았다.[12] 그러나 지금까지 한 세기
가 넘는 기간 동안 다수의 학자들은 마가가 제일 먼저 기록
됐다고 생각해왔다. 공관복음 사이의 유사성에 대한 가장 보
편적인 학술적 설명은 마태와 누가가 마가를 사용했다는 것
이다. 마태와 누가 사이의 공통자료는 주로 **말씀**(sayings)으로
구성되어 있기 때문에, 학자들은 그들(마태와 누가—역주)이 하
나의 독립된 말씀 자료로부터 옮겨 적었을 것으로 추정했다.
'자료'에 대한 독일어 단어가 '크벨레'(Quelle)이기 때문에 학
자들은 이 가설적 자료를 Q라고 불렀다.[13] 작지만 영향력 있
는 학자 집단은 Q가 불필요했다고 주장한다. Q에 대한 고대
의 기록이 없고, (Q가 없이도) 우리는 마태와 누가 사이의 유사
성을 그 둘 사이의 직접적인 연결로 적절하게 설명할 수 있
다.[14] Q가 마태와 누가에 공통되지만 마가에 없는 자료를 가

---

12. 오리게네스(Origen, 대략 주후 185-254년)을 인용하는 Eusebius,
    Ecclesiastical History 6.25.
13. 이 견해는 John S. Kloppenborg, *Q, the Earliest Gospel: An Introduc-
    tion to the Original Stories and Sayings of Jesus* (Louisville: Westmin-
    ster John Knox, 2008)에서 주장된 내용이다.
14. 이 입장을 지지하는 가장 능력 있는 사람은 마크 굿에이커(Mark
    Goodacre)이고, 그는 *The Case against Q: Studies in Markan Priority
    and the Synoptic Problem* (Harrisburg, PA: Trinity Press Inter-
    national, 2002)을 포함한 다양한 글에서 이 입장을 옹호했다.

리키는 중립적인 명칭으로 사용될 수 있기는 하지만 통상 특정하게 **통합된 기록** 자료를 언급하는 데 사용되는 경향이 있다. 이것과 관련된 것을 우리는 Q 가설이라고 부를 수 있는데 이는 종종 두 자료 가설이라고 불리기도 한다. 왜냐하면 마가와 Q가 마태와 누가의 두 가지 주요 자료로 주장되기 때문이다. 마태에만 속하는 독특한 내용과 누가에만 속하는 독특한 내용이 있기 때문에 몇몇 사람들은 두 자료 가설을 더 정교화해서 네 자료 가설이라고 부르기도 한다. 이때 (마가와 Q 외에) 마태와 누가 각각의 독특한 내용은 마태와 누가의 이름을 따서 M과 L로 부를 수 있는 자료(M은 마태특별자료, L은 누가특별자료로 불린다—편주)에서 온 것이라고 제안한다.

이 논의를 통해 두 가지 내용이 분명해진다. (1) 우리는 마태, 마가, 누가에 나오는 다양한 유형의 자료를 서로서로 얼마나 겹치는지에 따라 분류할 수 있다. 우리는 다양한 종류의 자료를 말할 수 있기 때문에 복음서에 대한 어떠한 설명도 텍스트가 보여주는 상호 관계 패턴과 조화될 수 있어야 한다. (2) 마태와 누가가 마가를 사용했다고 믿어온 학자들은 종종 그 두 복음서와 마가복음이 겹치는 부분을 독립 자료로 여기지는 않는다.

여기서는 복음서가 기록된 순서나 복음서 사이의 정확한

관계에 대한 한 가지 입장만을 취하지는 않을 것이다. 나는 복음서의 역사적 진정성을 옹호하는 것이 복음서 사이의 관계에 대한 다양한 입장과 함께 갈 수 있다는 점을 주장하고 싶다. 그러면서도 나는 어떤 자료가 다른 복음서에 있는 것과 겹치든 안 겹치든 상관없이 복음서에 나타난 정보가 믿을 만한 것으로 보일 수 있음을 주장할 것이다.

우리가 살펴볼 자료의 다섯 가지 범주는 (1) 마태에만 나오는 자료, (2) 누가에만 나오는 자료, (3) (마태 그리고/또는 누가에서도 발견될 수 있는) 마가복음 자료, (4) 마태와 누가에는 있지만 마가에는 없는 자료(즉, Q), (5) 요한에만 나오는 자료다. 또한 마태, 마가, 누가가 겹치는 경우도 많이 있다. 그래서 우리가 사복음서를 네 개의 독립된 증거로 생각하든지 다섯 개의 다양한 종류의 자료로 생각하든지 간에 중요한 결과는 우리가 사건들에 대한 다양한 증언을 가지고 있다는 것이다. 누군가 분명한 증거 없이 누가가 마태의 생각을 베꼈거나 요한이 마가를 사용했다고 주장한다 하더라도 우리는 이 모든 자료가 조작된 것이 아님을 설득력 있게 주장할 만한 전반적인 패턴을 발견하게 된다. 우리는 거듭해서 다음의 사실을 발견하게 될 것이다. 곧, 저자들이 알고 있는 바를 신실하게 전달했다고 가정할 때 설명은 간단해지지만, 저들이 조작했다고 가정하면 문제는 복잡해진다는 사실이다.

복음서는 언제 기록됐는가?

　복음서에는 특정한 연대가 기록되어 있지 않지만 일부 기독교 전통은 복음서에 특정한 연대를 부여한다.[15] 일부 요한복음 전통을 제외하면 모든 복음서의 연대는 주후 70년의 성전 파괴 이전이다. 〈표 2.4〉는 비기독교 학자들이 제시하는 연대의 범위를 보여주는데, 여기에는 (1) 몇몇 유대교 학자들, (2) 유대교 역사학자인 코헨(Shaye Cohen),[16] (3) 저명한 불가지론자인 바트 어만이[17] 속해 있다.

15.　예를 들면, (9세기나 10세기의 K 또는 017로 알려지기도 한) 키프로스 사본(Bibliothèque nationale de France Greek manuscript 63)은 마태복음, 마가복음, 누가복음의 연대를 각기 (행 1:3을 근거로 할 때 부활 후 40일째 되는 날에 일어난) 예수 승천, 8년 후, 10년 후, 15년 후로 추정한다.

16.　Shaye J. D. Cohen, *From the Maccabees to the Mishnah*, 3rd ed. (Louisville: Westminster John Knox, 2014), 16-17 [≒『고대 유대교 역사: 마카비 시대부터 미쉬나까지』, 은성, 1994].

17.　Bart D. Ehrman, *The New Testament: A Historical Introduction to the Early Christian Writings* (Oxford: Oxford University Press, 1997), 41. 나는 아래의 표에서 바트 어만의 책 41쪽에 나오는 수치를 제시했지

<표 2.4. 제안된 복음서 작성 연대>

복음서	The Jewish Annotated New Testament*	코헨	어만
마태복음	80-90년	80년대	80-85년
마가복음	64-72년	대략 70년	65-70년
누가복음	"1세기가 끝나갈 무렵"	80년대	80-85년
요한복음	70-130년	대략 90-100년	95년

이러한 연대는 학자들 사이에서 상당히 전형적이다. 하지만 만약 복음서 저작에 대한 전통적인 견해가 옳다면 마태와 요한은 늦어도 주후 33년에 이미 예수의 제자들에 의해서 기록됐고,[18] 마가는 늦어도 대략 주후 50년에 바나바와 바울의 조력자였던 자에 의해서 기록됐으며,[19] 누가는 50-60년

만, 40쪽에서 어만은 이 수치가 아주 정확하게 이해될 수는 없음을 시사한다. 어만은 이 수치와 약간 거리를 둔다. "게다가 대부분의 역사가들은 마가복음이 60년대 중엽과 70년대 초기 사이의 어느 시점엔가 기록된 우리가 가진 복음서 중 가장 최초의 복음서라고 생각한다. 마태복음과 누가복음은 아마도 그보다 10년이나 15년이 지난 80년이나 85년쯤에 만들어졌고, 요한복음은 그 후 10년 후인 90년이나 95년에 기록됐다."

*   Amy-Jill Levine and Marc Zvi Brettler, eds., *The Jewish Annotated New Testament*, 2nd ed., New Revised Standard Version Bible Translation (Oxford: Oxford University Press, 2017), 9, 67, 107, 168-69.

18. 십자가 처형에 대한 최근의 가능성 있는 연대다. 본서 제8장의 각주 34번을 보라.

19. 마가가 행 12:25에 등장하는 것은 행 18:12 이전, 즉 갈리오가 아가야

대에 바울과 함께 터키, 그리스, 유대, 로마 지역을 여행했던 자에 의해서 기록됐다는[20] 사실에 주목해야 한다. 그러므로 복음서 저자에 대한 전통적인 견해를 지지할 때 상당히 이른 연대에 대한 간접적인 증거를 얻게 될 가능성이 있다. 특히 기대 수명이 지금보다 더 짧았던 시대에 복음서 저자들이 비정상적으로 오래 살다가 생의 막바지에 이르러 저술했다고 생각하지 않는다면 말이다.

위에서 학자들이 제시한 연대들은 부분적으로는 종종 예수의 입에서 나온 주후 70년의 예루살렘과 성전 파괴에 대한 복음서의 진술에 기초한다. 그러나 만약 우리가 예수께서 미래에 일어날 사건을 예언하실 수 있다는 사실을 받아들인다면 더 이른 연대에 대한 대다수의 반대는 제거된다.

현대 유대교나 불가지론의 대부분의 형태는 그 정의상(by definition) 복음서가 예수를 오래전부터 예언된 기적을 행하시고 궁극적으로 죽은 자들 가운데서 부활하신 하나님의 아

총독이었던 주후 51-52년 이전에 발생해야 했다.

20. 누가복음과 사도행전은 같은 문체로 되어 있고, 일반적으로 같은 저자에 의해서 기록된 것으로 합의되어 있다. 사도행전의 저자는 행 16:10과 28:16 사이에 있는 본문에서 여러 차례 자기 자신과 함께 여행하는 동료를 "우리"라고 부르고, 자신을 바울과 함께 여행하는 자로 나타낸다.

들이라고 제시하는 것을 받아들이지 않는 신앙 체계다. 그러나 위에 주어진 연대는 예수를 메시아로 믿지 않는 주류 학자들이 그래도 복음서의 연대를 신뢰할 수 있는 기억의 시한(time limits) 내에서 측정했다는 사실을 보여준다. 만약 복음서에 나타난 예수의 정체성에 대한 묘사가 실제로 사실이라는 가능성에 열려있는 사람에게는 어째서 복음서가 상당히 이른 시기의 것일 수 없는지에 대한 강력한 근거는 거의 없어지게 된다.

나는 위에서 제시된 모든 연대보다 더 이른 연대를 선호한다. 하지만 이 책에서는 복음서에 대한 특정한 연대를 지지하지 않을 것이다. 오히려 이 책은 복음서가 첫 세대의 기독교인들에게서 나왔다고 볼 때 가장 잘 이해되고 이것이 복음서 저작권에 대한 전통적인 견해와 잘 들어맞는다고 제안할 것이다.

제3장
복음서 저자들은 그들이 다루는 내용을 잘 알고 있었을까?

    복음서의 진정성을 판별하는 한 가지 기준은 복음서가 그것이 기록된 시간과 장소와의 유사점을 드러내는지 여부다. 만약 이를 드러내지 않는다면, 그것으로 인해 복음서는 역사적으로 신뢰할 수 없는 것이 된다. 만약 드러낸다 하더라도, 그 자체로 복음서가 기록하고 있는 모든 내용이 사실임을 입증해주는 것은 아니다. 그것은 단순히 저자가 충실한 이야기를 쓸 수 있을 정도의 충분한 지식(know-how)을 가지고 있었다는 것을 보여줄 뿐이고, 따라서 복음서가 역사 속 사건들과 너무 동떨어져 있어서 신뢰하기 어렵다는 반대를 제거할 수는 있다.

우리는 어느 곳을 가든 (그곳에 대한) 사전 정보에 쉽게 접근할 수 있는 시대에 살고 있음에도 불구하고, 여전히 여행할 때마다 그곳의 지리적 광경과 문화적 측면에 놀라는 경향이 있다. 자, 누군가 당신이 한 번도 가본 적이 없는 먼 곳에서 일어난 사건을 이야기로 기록해달라고 요구했는데 인터넷 검색을 활용할 수 없다고 상상해보라. 당신은 오늘날 우리가 가지고 있는 멋진 도서관을 통해서라도, 지역 사람들이 알고 있는 것에 어울리는 세부적인 이야기를 쓰기 위해 모든 정보를 모으려고 고군분투할 것이다. 이렇게 하는 이유는 당신이 가고자 하는 곳의 다양한 측면들을 바르게 이해하고자 함이다. [하지만] 그 측면들의 **대부분**을 이해한다고 해서 이야기를 진짜처럼 만들지는 못할 것이다. 당신은 건축, 문화, 경제, 지리, 언어, 법, 정치, 종교, 사회 계층, 날씨와 그 밖의 많은 것들을 조사해야 할 것이다. 심지어 당신의 이야기에 나오는 인물들의 이름도 분명히 할 필요가 있을 것이다. 그 이름은 내러티브의 역사적이고 지리적인 배경에 어울리는 이름이어야 한다. 이러한 모든 것은 노력을 요구하고, 쉬운 일이 아니다.

이번 장에서 우리는 복음서에 수많은 기준을 적용해서 복음서가 이러한 종류의 지식—복음서가 묘사하는 시대와 장소에 대한 지식—을 보여주는지에 관해 알아볼 것이다.

지리적 기준

복음서 저자들이 가진 지리적 지식 수준은 그들이 기록한 이스라엘/팔레스타인 및 주변에 있는 모든 장소를 보여주는 단순한 도표들(표 3.1-4)을 통해 어느 정도 확인할 수 있다.[1]

<표 3.1. 복음서 저자들이 언급하는 소도시>

소도시	마태	마가	누가	요한
애논				✓
아리마대	✓	✓	✓	✓
베다니	✓	✓	✓	✓
베들레헴	✓		✓	✓
벳바게	✓	✓	✓	
벳새다	✓	✓	✓	✓

---

1. 나는 이 표에 애굽, 두로, 시돈을 때로 예수 이야기의 배경이 되는 장소로 포함했지만, 바벨론은 뺐다. 또한 나는 시간상으로 오래된 곳, 소돔과 고모라, 그리고 형용사에 포함된 도시들, 예를 들면, (거라사를 의미하는) Gerasene와 (막달라를 의미하는) Magdalene을 제외시켰다. 그리고 내가 팔레스타인이라는 단어를 사용하는 것은 현대 지리에서 그 단어가 사용되는 것과 관련이 없다.

소도시	마태	마가	누가	요한
빌립보 가이사랴	✓	✓		
가나				✓
가버나움	✓	✓	✓	✓
고라신	✓		✓	
달마누다		✓		
엠마오			✓	
에브라임				✓
게네사렛	✓	✓	✓	
여리고	✓	✓	✓	
예루살렘 (또는 시온)	✓	✓	✓	✓
마가단	✓			
나인			✓	
나사렛	✓	✓	✓	✓
라마	✓			
살렘				✓
시돈	✓	✓	✓	
수가				✓
디베랴				✓
두로	✓	✓	✓	
사렙다			✓	

<표 3.2. 복음서 저자들이 언급하는 지방>

지방	마태	마가	누가	요한
아빌레네			✓	
데가볼리	✓	✓		
애굽	✓			
갈릴리	✓	✓	✓	✓
이두매		✓		

지방	마태	마가	누가	요한
이두래			✓	
유대	✓	✓	✓	✓
납달리	✓			
사마리아			✓	✓
시돈			✓	
수리아	✓		✓	
드라고닛			✓	
스불론	✓			

<표 3.3. 복음서 저자들이 언급하는 수역(bodies of water)>

수역	마태	마가	누가	요한
베데스다				✓
기드론				✓
요단강	✓	✓	✓	✓
갈릴리 호수(또는 바다)	✓	✓		✓
실로암			✓	✓

<표 3.4. 복음서 저자들이 언급하는 다른 장소>

다른 장소*	마태	마가	누가	요한
피밭(field of Blood)	✓			
가바다				✓
겟세마네	✓	✓		
골고다 / 해골의 곳	✓	✓	✓	✓
감람산(또는 올리브산)	✓	✓	✓	✓
양문(Sheep Gate)				✓
솔로몬 행각				✓

물론 위의 표에 나오는 목록 자체가 복음서가 대체로 허

구가 아님을 보여주는 것은 아니다. 그러나 복음서 저자들이
이집트, 이탈리아, 그리스, 터키와 같은 나라에 살면서 예수
에 관한 이야기를 만들어냈다고 생각한다면 이 목록에 나오
는 정보는 정말 놀라울 정도다. 이 목록은 다음과 같은 사실
을 드러낸다.

1. 모든 저자들은 잘 알려진 곳부터 덜 알려진 곳, 그리고 거의
   알려지지 않은 무명의 지역에 대한 지식을 보여준다.
2. 어떤 복음서 저자도 모든 지식을 다른 복음서에서 그대로 가
   져오지 않았다. 왜냐하면 각각의 복음서는 독특한 정보를 담
   고 있기 때문이다.
3. 모든 저자들은 다양한 종류의 지리적 정보를 보여준다.

사복음서를 살펴보면 저자들이 기록한 장소에 대한 지리
를 잘 알고 있음이 드러난다. 사복음서는 전체적으로 26개의
소도시를 언급하는데,[2] 마태와 누가는 각기 16곳을 언급하
고, 마가와 요한은 각기 13곳을 언급한다. 목록에 언급된 소

---

*   마태, 마가, 요한에 언급된 '브라이도리온'(the Praetorium)은 고유명
      사가 아닌 것이 분명하므로 포함하지 않았다.
2.   이러한 도시 중에 라마와 사렙다는 구약의 암시를 가지므로, 반드시
      특정한 지리적 친숙함을 나타내지는 않는다.

도시에는 종교 수도인 예루살렘과 같은 유명한 장소뿐만 아니라, 베다니(사복음서) 및 벳바게(마태, 마가, 누가)와 같은 작은 마을도 있다. 요한복음에서는 애논, 가나, 에브라임, 살렘, 수가와 같은 많은 작은 마을들이 언급되는 것을 발견할 수 있다.

　어떻게 이러한 지식을 얻을 수 있었는지 생각해볼 가치가 있다. 대체로 사람들은 개인적인 경험, 읽기, 또는 듣기를 통해서 지식을 얻는다. 그러나 복음서 저자들은 **읽는** 것을 통해서 자신들이 가진 정보를 얻을 수 있었던 것 같지는 않다. 알려진 자료 중에 그 어떤 것도 복음서 저자들이 가지고 있는 일련의 특정 정보를 담고 있지 않고, 게다가 읽는 것을 통해 정보를 얻었다면 우리는 복음서 저자들이 고대 역사에 전례가 없는 수준의 문헌 연구를 했다는 가정을 해야 할 것이다. 만약 **듣는 것**을 통해서 이러한 정보를 얻게 됐다면, 사복음서 저자들이 들었던 보도(reports)는 그들의 메시지뿐만 아니라 구체적인 세부 사항에 대해서도 매우 정확했음이 틀림없다. 따라서 복음서 저자들은 그들의 **경험**이나 **상세한 듣기**를 통해서 정보를 얻었던 것으로 보인다.

　만약 누군가가 이야기를 진짜처럼 보이게 하려고 지리적인 세부 사항을 끼워 넣었다면 매우 빈틈없고 철두철미해야 했을 것이다. 이것은 독립적으로 글을 쓰는 네 명의 서로 다른 저자들에게서 기대할 수 있는 행동이 전혀 아니다. 우리는 또한 내러티브에서 지역들이 언급되는 빈도수를 살펴볼 수 있다(〈표 3.5〉를 보라). 물론 많은 장소들이 반복적으로 언급되기 때문에 이 수치는 지명된 개별 장소의 수보다 많다.

<표 3.5. 지리적 언급의 빈도>

	마태	마가	누가	요한
전체 그리스어 단어*	18,347	11,103	19,463	15,445
소도시	43	33	62	39
지방	32	16	29	25
수역	9	6	3	8
다른 장소	6	5	5	4
합계	90	60	99	76
1,000단어마다 언급된 장소의 수	4.905	5.404	5.087	4.921

주목할 만한 점은 네 권의 복음서 모두가 차이점이 있음에도 불구하고 비슷한 빈도로 당시의 지리에 대해서 언급한다는 것이다. 물론 신뢰할 수 있는 보도와 신뢰할 수 없는 보도 모두 우리가 여기에서 발견하는 것보다 훨씬 더 높거나 낮은 빈도를 보일 수 있다. 그러나 복음서가 특정한 빈도로 그러한 세부 사항을 제시하려고 **의도했기** 때문에 빈도의 유

사성이 발생하는 것이라고 주장하는 것은 터무니없다.[3] 결국 우리는 복음서 저자들이 언급하는 온갖 형태의 지명에서 차이점을 보게 된다. 이 차이점은 하나의 패턴으로 복음서 저자들이 자신들의 이야기를 진짜처럼 보이게 하려고 **일부러 지명을 삽입하지는 않았을** 가능성이 더 높다는 것을 나타낸다. 사복음서에 지명이 고르게 분포되어 나타나는 것은 네 저자들 각각이 지명을 분포시키려고 의도적으로 노력한 결과일 가능성이 낮고, 정확하게는 **무의식적인 행동**으로 일어날 수 있는 일종의 패턴으로 자신들의 이야기와 관련된 지명을 자연스럽게 기록한 것이다. 사실 빈도의 유사함은 이야기를 할 때 나타나는 공유된 문화나 패턴의 증거가 될 수 있지만 어떤 공모(collusion)를 통한 결과물은 아님이 분명하다.

수역(Bodies of Water)

사복음서는 소도시와 장소의 이름을 알고 있을 뿐만 아

---

*   *The Greek New Testament, Produced at Tyndale House, Cambridge* (Wheaton, IL: Crossway; Cambridge: Cambridge University Press, 2017)를 따랐고, 막 16:9-20은 제외됐다.

3.   그리스어는 일반적으로 단어 사이에 공백이 없이 쓰이고, 대문자와 소문자 사이의 구분이 없다. 그러므로 단어의 수를 세는 것, 특히 지리적 용어를 세는 것은 어려웠을 것이다.

니라 그 이름들이 어떻게 관련되는지와 팔레스타인의 지형
에 대해서도 알고 있다.

바다라는 단어를 생각해보자. 복음서에 따르면 예수께서
는 시간의 대부분을 갈릴리바다 근처에서 보내셨다. 물론 **바
다**는 길이 21km의 수역을 가리키는, 용어적으로 상당히 웅
장한 단어다. 그러나 한 번도 먼 곳으로 여행해본 경험이 없
는 갈릴리 현지인의 관점에서 볼 때 갈릴리바다는 **유일한** 바
다였고 이에 대해 더 이상의 설명이 필요하지 않았다.

마태는 '바다'라는 단어를 16회 사용했다. 4회는 어떤 특
정한 바다를 지칭하지 않지만[4] 나머지 12회는 갈릴리바다를
가리킨다.[5] 이것의 가장 첫 번째 명시적인 언급은 (처음으로)
마태복음 4:18에 나오고, 예수께서 지중해 연안에 있는 두로
와 시돈으로 올라가신 뒤에 다시 갈릴리바다로 명시된다(마
15:29). 이외에는 단순히 '바다'로만 불린다.[6]

마가는 '바다'라는 단어를 19회 사용한다. 그중 두 번은
특정한 바다를 가리키지 않는다(막 9:42; 11:23). 마가에 나오는
첫 번째 바다는 갈릴리바다임이 분명하다(막 1:16). 마태와 마

---

4.   마 13:47; 18:6; 21:21; 23:15.

5.   마 4:15은 그 문맥상 갈릴리바다를 가리키는 것처럼 보인다.

6.   마 4:18(두 번째 등장[x2]); 8:24, 26, 27, 32; 13:1; 14:25, 26; 17:27.

찬가지로 (갈릴리바다는) 예수께서 두로와 시돈을 거쳐 갈릴리 바다로 돌아가셨을 때 명확하게 명명된다(막 7:31—편주). 이외에는 모두 단순히 '바다'다.[7] 이는 마가복음이 실제로 어부 베드로에 의해 제공된 정보를 토대로 기록됐다면 기대할 수 있는 바이다. 베드로에게는 (갈릴리바다가) **매우 대단한 바다**였을 것이다.

누가는 좀 다르다. 누가는 '바다'라는 단어를 딱 3번만 사용하고, 특정한 수역을 결코 언급하지 않는다. 전통적으로 생각되는 것처럼, 만약 누가가 지중해에서 멀지 않은 오론테스강 가까이에 있는 안디옥 출신이라면 이 작은 갈릴리바다를 **통상적인** 바다라고 생각하지 않았을 것이다. 그래서 누가는 그냥 '호수'라고 부른다.[8]

전통적으로 갈릴리 어부로 여겨진 요한은 **바다**라는 단어를 9회 사용하는데, 모두 6장과 21장의 갈릴리 주변에서 일어난 두 가지 장면에 나온다. 제일 처음으로 등장하는 곳에는 '디베랴의 갈릴리바다'라고 가장 명시적으로 기록되어 있는데, 여기서 바다는 해안가의 주요 마을인 디베랴의 이름을

---

7. 막 1:16(두 번째 등장[x2]); 2:13; 3:7; 4:1(x3), 39, 41; 5:1, 13(x2), 21; 6:47, 48, 49.

8. 눅 5:1, 2; 8:22, 23, 33.

따서 불리기도 한다(요 6:1). 같은 장의 이어지는 언급은 그냥 '바다'라고만 되어 있다.[9] 요한은 새로운 맥락에서 호수를 재차 소개할 때 다시 한번 디베랴바다를 언급하고(요 21:1), 이후에는 다시 그냥 '바다'라고만 말한다(요 21:7). 또한 요한은 우리에게 예루살렘 근처에 있는 간헐천(seasonal stream)인 기드론과 두 개의 못에 대해서 말하는데, 그 못 중 하나는 요한이 다섯 행각이라고 정확하게 묘사했다. (행각을 언급하면서 우리는 요한이 성전에 있는 솔로몬의 행각을 알고 있었음에 주목해야 한다.)

그리고 복음서는 벳새다와 가버나움이 갈릴리바다 근처에 위치한 소도시라는 것을 알고 있다(마 4:13; 막 6:45). 또한 마태와 마가는 갈릴리바다에서 곧바로 산악 지방으로 갈 수 있음을 알고 있다.[10] 그리고 마태와 마가와 누가는 요단 근처에 유대 사막이 있다는 것을 알고 있다.[11]

길과 여행

사복음서 저자들은 모두 예루살렘으로 가는 여행길(해발 약 750m)이 **올라가는 것**으로 묘사될 수 있다는 사실을 정확히

---

9. 요 6:16, 17, 18(개역개정판에는 '파도'로 번역됐으나 본래는 '바다'라는 단어가 사용됐다—편주), 19, 22, 25.
10. 마 14:22-23; 15:29; 막 3:13과 3:7을 비교해서 살펴보라.
11. 마 3:1; 4:1; 11:7; 막 1:3-4, 12; 눅 3:2-4; 4:1.

알고 있다.[12] 마가와 누가는 예루살렘을 떠나는 것이 **내려가는 것**으로 묘사될 수 있다는 사실을 정확히 알고 있다.[13] 이것이 특별히 주목할 만한 점은 아닐 수 있다. 왜냐하면 수도는 다른 장소와 비교해서 높은 곳에 있다고 묘사되는 것이 일반적이기 때문이다. 그러나 복음서 저자들이 이 땅의 지형에 대해서 상당히 자세하게 알고 있다는 인상을 받게 되는 경우가 몇 차례 있다. 누가복음 10:30-31에서 우리는 예수께서 다음과 같이 시작하는 이야기를 말씀하시는 것을 읽게 된다. "어떤 사람이 예루살렘에서 여리고로 **내려가다가** 강도들을 만났다. 강도들이 그 옷을 벗기고 때려서, 거의 죽게 된 채로 내버려두고 갔다. 마침 어떤 제사장이 그 길로 **내려가다가** 그 사람을 보고 피하여 지나갔다." 사실 여리고는 평균해수면보다 250m 이상 **낮은 곳에** 위치해 있는 지구상에서 가장 낮은 곳에 자리한 도시다. 예루살렘에서 여리고로 내려가려면 대략 1km를 내려가야 한다. 그러므로 **내려간다**는 표현은 매우 올바른 표현이다. 이 본문은 예루살렘과 여리고 사이에 있는 직선로를 상정하고 있는데, 물론 이 길은 실제로 존재

---

12. 마 20:17, 18; 막 10:32, 33; 눅 2:5, 42; 18:31; 19:28(개역개정판에는 '앞서서 가시더라'라고 번역됐지만 원서의 문자적 의미로는 '올라가다'는 뜻이다—편주); 요 2:13; 5:1; 7:8, 10, 14; 11:55; 12:20.
13. 막 3:22; 눅 2:51; 18:14.

한다.

요한복음 2:12에 보면, 갈릴리 가나에서 가버나움으로 가는 여행이 **내려가는 것**으로 묘사된다. 마찬가지로 요한복음 4장에서도 우리는 예수께서 가나에 계시는 동안 왕의 신하한 사람이 예수께로 나아와, **내려와서** 가버나움에 있는 자기 아들을 고쳐 달라고 간청하는 내용을 보게 된다. 이 '내려오다'라는 동사는 가나에서 가버나움으로 가는 여행을 묘사하기 위해 반복적으로 사용된다.[14] 가나의 위치가 논란이 있기는 하지만, 후보들 중에 가장 낮은 곳에 위치한 키르베트 카나(Khirbet Qana)는 해발 200m에 있는 반면, 가버나움은 해수면 아래로 200m 이하인 곳에 있다.[15] 또한 누가복음 4:31은 나사렛(해발 350m)에서 가버나움으로 가는 여행을 **내려가는 것**으로 묘사한다.

조금 더 구체적인 지식은 누가복음 10:13-15(및 평행본문인 마태복음 11:21-23)에 나오는 예수의 말씀으로 입증된다.

화 있을진저 **고라신**아, 화 있을진저 **벳새다**야, 너희에게 행

14.　요 4:47, 49, 51.

15.　해발 높이는 http://elevationmap.net에 2018년 3월 14일에 접속해서 가져온 것이다. 물론 고대의 해발 높이는 현대의 것과 약간 다를 수 있지만, 이 주장에 차이를 만들 정도로 크게 다르지는 않다.

한 모든 권능을 두로와 시돈에서 행했더라면 그들이 벌써
베옷을 입고 재에 앉아 회개했으리라. 심판 때에 두로와 시
돈이 너희보다 견디기 쉬우리라. **가버나움**아 네가 하늘에
까지 높아지겠느냐? 음부에까지 낮아지리라.

예수께서는 세 개의 유대 소도시 또는 마을인 고라신, 벳새
다, 가버나움을 호되게 질책하시는데, 처음 두 곳은 이방 도
시인 두로와 시돈과 대조하시면서 그렇게 하신다. 잘 알려지
지 않은 곳인 고라신은 사실 **벳새다로 가는 길에** 있고, 가버
나움에서 북쪽으로 3.2km 정도 떨어져 있다. 우리가 아는
한, 이러한 정보를 복음서 저자에게 제공해줄 수 있었던 문
헌 자료는 단 하나도 없다.

누가와 요한은 둘 다 유대와 갈릴리 사이에 두 가지 경
로, 즉 사마리아를 통과하는 산이 많은 길과 사마리아를 피
해 요단강을 통과하는 우회로가 있다는 것을 알고 있음을 보
여준다. 누가복음 9:51-53에서 예수와 제자들이 갈릴리에서
남쪽 유대로 가고자 할 때, 사마리아를 통과하는 길을 거절
당한다. 요한복음 4:4에서 예수께서는 사마리아를 통해 유
대에서 북쪽 갈릴리로 가는 길을 택하신다. 누가는 여리고를
통해(눅 18:35), 벳바게와 베다니를 지나(눅 19:29), 예루살렘으

로 가는 여행길을 묘사하기도 한다. 요한은 예수께서 베다니를 통해 동쪽에서 예루살렘으로 향하시는 마지막 길을 묘사한다(요 12:1).

누가와 요한에 나오는 정보는 마태와 마가가 그리는 예수께서 마지막으로 예루살렘으로 가시는 모습과 일치한다. 예수께서는 갈릴리에서 요단강 건너편(Transjordan: '트란스요르단', 요단 동부 지역—편주)으로 가셨다가(마 19:1; 막 10:1) 여리고를 지나(마 20:29; 막 10:46) 벳바게—내러티브에 따르면, 감람산에 위치한—를 거쳐(마 21:1; 막 11:1) 예루살렘으로 가신 것으로 보도된다.[16]

동산

복음서 저자들은 다른 어떤 문헌에도 기록되지 않은 세부 사항에 대해서 언급한다. 복음서에는 두 개의 특정한 동산이 언급되는데, 하나는 겟세마네라 불리는 예수께서 체포되시기 전에 기도하신 곳이고,[17] 다른 하나는 그 근처에 있는 골고다로 예수의 십자가 처형이 이루어진 곳이다.[18] 이 지명

---

16. 막 11:1은 "벳바게와 베다니"라고 말한다.
17. 마 26:36; 막 14:32.
18. 마 27:33; 막 15:22; 요 19:17, 41.

에 대한 당시의 다른 기록이 남아있지 않기 때문에 복음서 저자들이 그 지명에 대해서 말해주는 다른 지리 문헌을 참고했을 가능성은 적다. 그러나 복음서 저자들이 이 지명을 지어내기는 어려웠을 것이다. 왜냐하면 그 지명의 언어적 형태가 유대와 그 지역의 언어에 대한 지식을 드러내기 때문이다. **골고다**는 복음서에서 '해골'을 의미한다고 보도되는데,[19] 이것은 아람어 방언에서 발견되는 것과 잘 들어맞는다.[20] 4세기 이전부터 예수의 무덤은 성묘교회(the Church of the Holy Sepulchre) 안에 있는 것으로 생각되어 왔고, 그 교회의 고고학 연구와 관련한 최고 권위자 중 한 명인 시몬 깁슨(Shimon Gibson)에 따르면, 요한이 동산이 십자가 처형이 이루어진 장소 옆에 있었던 것으로 묘사한 것은 고고학적 발견과 잘 어울린다.[21] 겟세마네란 '착유기'(즉, **올리브**를 짜는 기구)를 의미하는데, 이곳은 내러티브에서 (복음서와 또 다른 수많은 문헌들에 언급된) **올리브**산(감람산)에 완벽히 위치되어 있다. 하지만 복음서

---

19. 마 27:33; 막 15:22; 요 19:17.

20. '골고다'(*gulgoltha*) 형태의 끝부분은 *-owtha*에서 *-otha*로 바뀌었다.

21. Shimon Gibson, *The Final Days of Jesus: The Archaeological Evidence* (New York: HarperOne, 2009), 118–22 [= 『예루살렘의 예수: 예수의 마지막 날들을 추적한 최초의 고고학 보고서』, 청림출판, 2010]은 이곳이 동산과 무덤 둘 모두의 장소였다고 주장한다.

저자는 다른 어느 곳에서도 겟세마네라는 말의 의미와 그곳
이 자리한 위치가 얼마나 잘 어울리는지에 주의를 기울이게
끔 하지 않는다. 복음서 저자들은 그저 다 알고 있었을 뿐이
다.

이게 무슨 의미인가?

내 주장은 이러한 지리적 세부 사항에 대한 지식이 복음
서의 진정성을 드러낸다는 것이 아니다. 오히려 복음서 저자
들이 사건 발생 지역에 대한 높은 수준의 정보가 부족해서
이야기를 오해했다는 생각이 거짓이라는 것이다. 복음서 저
자들 자신이나 그들이 길게 교제한 사람들은 예수의 활동이
벌어졌던 장소를 자세하게 묘사할 수 있었다. 복음서 저자들
이 이론적으로 이용할 수 있었던, 요세푸스, 필론, 스트라본
(Strabo)과 같은 저자들의 작품을 읽는다고 복음서에 담긴 지
리적 지식을 얻을 수 있는 것은 아니며, 복음서 저자들 각각
이 그들의 이야기를 진짜처럼 들리게 하려고 문학적 정보의
출처를 밝히지 않았다는 것은 타당하지 않다.

이것을 좀 더 긍정적으로 말하면 이렇다. 복음서는 다른
문헌 자료와 비교해볼 때 지리적으로 정확할 뿐만 아니라,
그 자체로도 귀중한 지리적 자료다. 예를 들면, 어떤 역사가

도 비유대인 주민들로 특징지어지는 열 개 혹은 그 이상이 되는 도시 집단인 데가볼리(Decapolis)의 존재를 의심하지 않는다. 이곳은 요세푸스, 대 플리니우스(Pliny the Elder), 프톨레마이오스(Ptolemy)의 작품에도 언급되어 있다. 그러나 널리 인정되는 연대에 따르면 데가볼리를 제일 처음으로 언급한 것은 마가다(막 5:20; 7:31; 또한 마 4:25을 보라).[22]

그렇다면 자연스럽게 다음과 같은 세 가지 결론이 도출된다.

- 복음서 저자들은 스스로 그 땅에 대해 알고 있었거나 그 땅을 알고 있는 자들에게서 전해들은 것을 정확하게 기록했다.
- 복음서가 전통적으로 생각되어 온 저자들에 의해서 기록됐다면 이들이 가지고 있던 정보는 우리가 기대하는 바와 일치한다.
- 이러한 결과로 초래된 복음서는 지리적으로 멀리 떨어진 곳에서 이야기를 지어낸 사람들로부터 우리가 기대할 수 있는 것과는 매우 다르다.

---

22. R. Steven Notley, *In the Master's Steps: The Gospels in the Land* (Jerusalem: Carta, 2014), 51–54을 보라.

후기 복음서와의 대조—지리

우리가 이러한 지리 정보를 살펴볼 수 있는 또 다른 방법으로는 옛날이나 오늘날의 학자들에 의해서 **복음서**(신약 외경에 속하는 복음서를 말함—역주)라고 불리는 고대의 또 다른 작품들과 비교하는 것이 있다. 가장 유명한 작품 중의 하나는 『도마복음』인데, 독일성서공회는 『도마복음』과 사복음서의 다양한 유사점 때문에 이 외경 복음서를 사복음서의 개요 뒷부분에 실었다.[23] 댄 브라운(Dan Brown)의 『다빈치 코드』(*Da Vinci Code*) 때문에 대중적인 인기를 끌었던 문서는 『빌립복음』이다. 그리고 2006년에 월간지 〈내셔널지오그래픽〉에 게재된 『유다복음』이 있다. 이러한 외경 복음서는 아마도 사복음서가 기록되고 50-150년이 지난 후에 기록된 것으로 추정되는데, 우리는 이 외경 복음서가 훨씬 더 적은 지리적 정보를 담고 있다는 사실을 발견하게 될 것이다.

『도마복음』은 '유대'만 한 번 언급하고 다른 지역은 전혀 언급하지 않는다. 『유다복음』에는 지명이 전혀 나오지 않는

---

23. Kurt Aland, ed., *Synopsis Quattuor Evangeliorum*, 15th ed. (Stuttgart: German Bible Society, 1996) [≒『네 복음서 대조』, 분도출판사, 1993].

다. 『빌립복음』에는 예루살렘이 네 번, 나자라(나사렛의 대안으로 적합한 철자)가 한 번, 요단이 한 번 언급된다. 이것이 얼마나 평범하고 인상적이지 못한지 인식되어야 한다. 예루살렘은 유명한 종교 수도다. 이곳을 듣고 아는 데 어떤 특별한 지식이 요구되지 않는다. 요단도 중요한 강이었다. 나사렛은 나사렛 사람 예수 또는 나사렛 예수로 불리곤 했던 예수 때문에 유명했다. 『빌립복음』이 세 가지 외경 복음서 중 가장 덜 평범하기는 하지만, 이 외경 복음서들에서 발견되는 것 중 그 어느 것도 예수가 살았고 방문했던 장소들에 친근감을 느끼게 해주지는 않는다.

　그러나 이 후기 외경 복음서들은 우리에게 훌륭한 대조의 예시를 제공한다. 이 복음서들은 때때로 사람들이 예수께서 행하신 일에 대해 잘 알지 못한 채 기록했다는 것을 보여준다. 사복음서가 전체적으로나 개별적으로나 이 후기 복음서들과 대조된다는 사실은 자료들 사이에 질적 차이가 존재함을 보여준다.

사람들의 이름

　복음서 저자들이 자신들이 쓰고 있는 글의 배경을 잘 알고 있었음을 보여주는 가장 분명한 증거 중 하나는 그들이 개인의 이름에 대해서 잘 알고 있었다는 사실이다.

　계속되는 학술 연구로 인해 드러난 것은 유대인들이 로마 제국의 여러 지역에 정착하고 있었지만 그 다양한 지역들에는 매우 독특한 작명 패턴이 있었고 팔레스타인 외부에 사는 유대인들에게 인기 있는 다양한 이름들은 팔레스타인 내부에 사는 유대인들과 별 관련이 없었다는 사실이다.[24] 리처드 보컴은 팔레스타인의 다양한 유대인 이름에 대한 상대적 빈도를 도표로 작성했다.[25] 이러한 목적을 위해 보컴은 요세푸스, 사해문서, 초기 랍비 텍스트, 유골함(죽은 자의 뼈가 담겨있는 상자)을 포함한 자료를 살펴보았다. 그가 조사한 연대 범위

24.　Margaret H. Williams, "Palestinian Jewish Personal Names in Acts," in *The Book of Acts in Its First Century Setting*, vol. 4, *Palestinian Setting*, ed. Richard Bauckham (Grand Rapids, MI: Eerdmans, 1995), 79-113; Tal Ilan, *Lexicon of Jewish Names in Late Antiquity*, pt. 1, *Palestine 330 BCE–200 CE* (Tübingen: Mohr Siebeck, 2002).

25.　Richard Bauckham, *Jesus and the Eyewitnesses: The Gospels as Eye-witness Testimony* (Grand Rapids, MI: Eerdmans, 2006), 67-92 [= 『예수와 그 목격자들』, 새물결플러스, 2015].

는 주전 330년부터 주후 200년까지이지만, 사실 대규모의 자료는 주전 50년부터 주후 135년까지의 자료에서 나왔다. 더하여 보컴은 명백하게 허구적인 인물들을 배제하기도 했다.[26]

보컴은 팔레스타인 유대인들과 관련해서 447개의 남성 이름이 2,625회 등장하고, 74개의 여성 이름이 328회, 즉 남녀 합해서 총 521개의 이름이 2,953회 나타난다는 것을 발견했다.[27] 보컴은 〈표 3.6〉에 나타나는 것과 같이 팔레스타인에서 가장 인기 있는 유대인 이름 6개를 열거했다.[28]

---

26. Bauckham, *Jesus and the Eyewitnesses*, 68-71.

27. Bauckham, *Jesus and the Eyewitnesses*, 71.

28. 나는 보컴 교수가 나에게 곧 출간될 유대인 이름에 대한 업데이트 된 더욱 구체적인 통계를 공유해 주어서 감사한 마음을 가진다. 보컴의 새로운 분석은 주전 50년부터 주후 135년까지의 이름에 초점을 맞추고, 팔레스타인 유대인 남성 이름 상위 11명의 상대적인 순서가 그의 책 Jesus and the Eyewitnesses, 85에 나오는 것과 같지만, 다음과 같은 약간의 변화가 있음을 발견한다. 3위와 4위에 있던 엘르아살과 유다의 순위가 반대로 바뀌고, 6위와 7위에 있던 여호수아와 하나니아의 순위가 반대로 바뀌며, 8위와 9위에 있던 요나단과 맛다디아는 공동 8위로 바뀐다. 물론 우리는 이러한 통계가 새로운 텍스트 자료가 알려지게 될 때 약간씩 변하리라는 것을 기대해야 한다. 이 책에서는 각주가 달린 곳을 제외하고는 보컴이 이미 출판한 책에 나온 수치를 따라갈 것이다.

*   Bauckham, *Jesus and the Eyewitnesses*, 70. 이 수치는 신약성경에 나오는 빈도를 포함한다.

<표 3.6. 팔레스타인에서 인기 있는 유대인 이름>

이름	모든 자료에 나타나는 빈도*	신약에 나오는 이 이름을 한 사람의 수
시몬	243	8
요셉	218	6
엘르아살(나사로)	166	1
유다	164	5
요한	122	5
여호수아	99	2

우리는 여기서 상당한 상관관계를 발견할 수 있다.[29] 게다가 보컴은 〈표 3.7〉에서 특히 더 많이 등장하는 남성 이름(시몬, 요셉을 말함-편주)의 경우 복음서와 사도행전에 나오는 비율이 모든 자료에 나타나는 비율과 매우 비슷하다는 것을 보여주고, 9개의 가장 인기 있는 남성 이름은 그 자료 간의 차이가 가장 작음을 보여준다.[30]

<표 3.7. 백분율로 나타낸 범주별 이름의 상관관계>

	모든 자료	복음서와 사도행전
가장 인기 있는 이름인 시몬과 요셉을 가진 남성	15.6%	18.2%
9개의 가장 인기 있는 이름을 가진 남성	41.5%	40.3%
가장 인기 있는 이름인 마리아와 살로메를 가진 여성	28.6%	38.9%
9개의 가장 인기 있는 이름을 가진 여성	49.7%	61.1%

---

29. 나는 여기서 공식적인 통계적 상관관계를 주장하고 있는 것이 아니다.
30. Bauckham, *Jesus and the Eyewitnesses*, 71-72.

신약 시대 이집트에는 많은 유대인이 있었다. 예를 들면, 이집트의 대도시 알렉산드리아에서는 다섯 구역 중에 두 구역이 '유대인 식'으로 불렸다. 왜냐하면 상당수의 유대인 거주자들이 있었기 때문이다.[31] 그러나 보컴이 제시하는 〈표 3.8〉에 보면, 이집트의 유대인들은 그곳의 유대 비문에서 알 수 있듯이 매우 다른 종류의 이름을 가지고 있었다.[32]

<표 3.8. 이집트와 필레스타인에서의 특정 유대인 이름의 빈도>

이름	이집트에서 순위	팔레스타인에서 순위
엘르아살	1	3
사바타이우스	2	68=
요셉	3	2
도시테우스	4=	16
파푸스	4=	39=
프톨레마이우스	6=	50=
사무엘	6=	23

31. Philo, *In Flaccum* 55.
32. Bauckham, *Jesus and the Eyewitnesses*, 73에서 가져온 데이터. 우리는 동일하게 대조되는 이름을 이집트 남부의 에드푸 지역에서 볼 수 있다. Margaret H. Williams, *The Jews among the Greeks and Romans: A Diasporan Sourcebook* (London: Duckworth, 1998), 101-3을 보라.
* 등호 표시(=)는 같은 순위가 있음을 나타낸다.

우리가 리비아의[33] 유대인을 살펴보든, 아니면 터키 서쪽의[34] 유대인을 살펴보든 간에, 이름 패턴은 팔레스타인의 유대인과는 매우 달랐다. 로마에 많은 유대인이 있었지만 그들의 이름은 팔레스타인에 사는 유대인과는 달리 대체로 그리스나 라틴식이었고, 극히 일부만이 히브리어나 아람어 이름을 가지고 있었다.[35] 지역 간 이름의 차이는 다면적인 측면이 있었는데, 성별, 다른 언어, 각 지역 고유의 이름으로 인해 크고 작은 빈도의 차이가 발생했다.

다시 말하면, 로마 제국에 속해 있는 어느 한 지역에 사는 사람이 그에게 익숙한 유대적인 이름을 생각해내어 그것을 이야기에 집어넣을 수 없었을 것이고, 결국 그럴듯한 팔레스타인 유대인 이름 목록을 만들어낼 수는 없었을 것이다.

---

33. Williams, *Jews among the Greeks and Romans*, 29–30; Gert Lüderitz, *Corpus jüdischer Zeugnisse aus der Cyrenaika* (Wiesbaden: Reichert, 1983), esp. 147–59.

34. Williams, *Jews among the Greeks and Romans*, 166–67; J. Reynolds and R. Tannenbaum, *Jews and God-fearers at Aphrodisias* (Cambridge: Cambridge Philological Society, 1987), 97–105.

35. Harry Joshua Leon, "The Names of the Jews of Ancient Rome," *Transactions and Proceedings of the American Philological Association* 59 (1928): 205–24; 그리고 Joan Goodnick Westenholz, *The Jewish Presence in Ancient Rome* (Jerusalem: Bible Lands Museum, 1994), 101–17, 123–28.

모호함을 없애주는 요소

보컴은 추가적인 특징을 강조한다. 그것은 너무나 많은 사람들이 같은 이름을 가지고 있을 때 발생하는 모호함이다. 예를 들면, 시몬이 대표적이다. 보컴은 모호함을 회피하는 11가지 방법을 확증한다. 모호함을 없애는 일반적인 방법은 아버지의 이름, 직업, 고향과 같은 요소를 덧붙이는 것이다.[36] 이것은 우리가 복음서에서 확인하는 바다. 명확하게 구분을 지어 주는 요소(disambiguators)는 가장 흔한 이름에 사용되고, 흔하지 않은 이름에는 사용되지 않는다.

팔레스타인 유대 남성 중에 가장 흔한 이름은 시몬이었다. 그래서 우리가 복음서에서 보게 되는 시몬은 종종 명확하게 구분을 지어 주는 요소와 함께 소개된다. 예를 들면, 시몬 **베드로**(막 3:16), **열심당** 시몬(막 3:18), **나병환자** 시몬(막 14:3), **구레네 사람** 시몬(막 15:21)이 그러하다(그리고 덧붙여 말하자면 발굴된 유골함 중 구레네 사람 시몬의 아들의 것으로 추정되는 것이 있다).[37] 마찬가지로 마리아도 가장 흔한 여성 이름이었고, 따라서 (성

---

36. Bauckham, *Jesus and the Eyewitnesses*, 78-84.

37. Craig A. Evans, *Jesus and the Remains of His Day: Studies in Jesus and the Evidence of Material Culture* (Peabody, MA: Hendrickson, 2015), 31, 63-65.

경에 나오는) 마리아 앞에는 모호함을 없애주는 요소가 붙었다. 예를 들면, '**막달라** 마리아와 **야고보와 요셉의 어머니** 마리아'가 그것이다(마 27:56).

이러한 수준의 이름 짓는 패턴에 대한 지식은 복음서 저작과 관련하여 시사하는 바가 있다. 팔레스타인 땅 밖에서 살아가는 사람은 사람들에게 적절한 이름을 지어주지 못했을 가능성이 있다. 그러나 복음서는 네 명의 저자들이 있었고, 그들 각각은 우리에게 믿을 만한 팔레스타인 유대인들의 이름을 제공해주었다. 게다가 그들은 그 땅에서 가장 흔한 이름에 명확하게 구분하는 요소를 덧붙여주었다. 비록 같은 이름들이 다른 땅에서는 명확하게 구분하는 요소가 필요하지 않을 정도로 흔하지 않을 때도 말이다.

마태복음에 나오는 제자들의 목록을 살펴볼 때 눈에 띄는 현상을 관찰할 수 있다. 나는 괄호 안에 보컴이 제기한 팔레스타인 유대 남성의 이름에 대한 순위를 더했다.[38]

열두 사도의 이름은 이러하니, 베드로라 하는 시몬[1]을 비롯하여 그의 형제 안드레[>99]와 세베대의 아들 야고보[11]와 그의 형제 요한[5], 빌립[61=]과 바돌로매[50=], 도마

---

38. 기호 '>'는 보이는 숫자를 넘어서는 순위를 나타낸다.

[>99]와 세리 마태[9], 알패오의 아들 야고보[11]와 다대오 [39=], 가나나인 시몬[1] 및 가룟 유다[4] 곧 예수를 판 자라. (마 10:2-4)

우리는 시몬, 유다, 마태, 야고보와 같은 더 인기 있는 이름들에는 모호함을 없애주는 요소가 붙어있고, 요한의 경우에는 (아버지의 이름과 같이) 문맥적으로 모호함을 없애주는 분명한 요소가 붙어있음을 즉시 알게 된다. 모호함을 없애주는 요소들은 가장 인기 있는 11개의 이름에 사용된다. 반면에, 우리는 보컴이 매긴 순위에 따라 빈도에 있어서 39위나 그 아래에 속해 있는 몇몇 이름들도 가지고 있다. 다대오, 바돌로매, 빌립, 도마가 바로 그와 같은 이름들이고, 심지어 도마 같은 경우는 상위 99위에도 들지 못한다. 이 이름 중에 어떤 것도 모호함을 없애주는 요소가 붙지 않았다.[39] 이와 같이 이 이름들은 진정성 있는 팔레스타인의 이름들이었고, 모호함을 없애주는 요소들은 **팔레스타인에서는 필요했지만 다른 곳에서는 그렇지 않았다.** 이로부터 우리는 이런 결론을 내릴 수

---

39. 물론 안드레는 희귀한 이름인데도 문맥에서 명확하게 해주는 요소가 붙었다. 그러나 이것은 안드레가 시몬 베드로와 가지는 관계를 설명하기 위해 붙여진 것일 뿐이다.

있다. 곧, 마태복음이 기록된 곳이 어디든지 간에, 이 목록 자체는 당시 팔레스타인에서 통용되고 있던 형태와 가까운 것을 담고 있을 확률이 매우 높다.

후기 복음서와의 대조—이름

사람들에게 개연성 있는 이름을 붙이는 사복음서의 능력은 외경 복음서의 형편없는 실력과 대조될 수 있다. 가장 많은 정보를 담고 있는 2세기의 『도마복음』은 의인 야고보, 예수, 마리아, 마태, 살로메, 시몬 베드로, 그리고 물론 도마를[40] 언급한다. 그러나 같은 2세기의 『마리아복음』은 단지 다섯 명의 이름—안드레, 레위, 마리아, 베드로, 그 구원자—을 언급할 뿐이다. 마리아가 팔레스타인에서 가장 흔한 여성 이름이었지만, 『마리아복음』은 심지어 우리에게 다양한 마리아들 중에서 어떤 마리아가 저자인지에 대해서도 말해주지 않는다. 그리고 『마리아복음』은 더 이상 예수를 (예수라는) 이름으로 부르지 않는, (역사 속) 예수와 충분히 동떨어진 시기에 기록됐다는 사실에 주목해야 한다. **그 구원자**라는 명칭은 후

---

40. 그는 믿기 힘들게도 (프롤로그 또는 전체의 유일한 완전판인) 콥트어 판 프롤로그에서 디두모라 하는 유다 도마, 즉 "쌍둥이라 하는 유다 쌍둥이"(도마는 히브리식 이름으로, 디두모는 헬라식 이름으로 쌍둥이를 의미한다—역주)로 불린다.

기에 대용된 표현임이 분명하다.

『유다복음』도 같은 2세기의 저작이다. 여기에는 팔레스타인의 남성 이름으로 적절한 두 이름만 등장한다. 그것은 바로 유다와 예수다! 그러나 팔레스타인과는 전혀 상관없는 이름들은 많이 등장하는데, 그것들은 마치 그리스 성경과 당시 신비주의 문헌에서 마음대로 가져온 이름 조합의 모음처럼 보인다. 그 이름들은 아담, 아다마스(Adamas), 아도나이오스, 바르벨로(Barbelo), 이브 = 조에(Zoe), 가브리엘, 가릴라(Galila), 하르마토트(Harmathoth), 미가엘, 네브로(Nebro), 사클라스(Saklas), 셋, 소피아(Sophia), 얄다바오트(Yaldabaoth), 요벨(Yobel)이다.

담화에 나타나는 모호함을 없애주는 요소

이름의 모호함을 없애주는 요소는 내러티브뿐 아니라 담화에도 나타난다. 마태복음 14:1-11에서 세례 요한을 언급한 내용을 살펴보자.

> 1 그 때에 분봉 왕 헤롯이 예수의 소문을 듣고, 2 그 신하들에게 이르되 이는 **세례 요한**이라 그가 죽은 자 가운데서 살아났으니 그러므로 이런 능력이 그 속에서 역사하는도다

하더라. 3 전에 헤롯이 그 동생 빌립의 아내 헤로디아의 일로 **요한**을 잡아 결박하여 옥에 가두었으니, 4 이는 **요한**이 헤롯에게 말하되 당신이 그 여자를 차지한 것이 옳지 않다 하였음이라. 5 헤롯이 요한(원문과 ESV 영어성경에는 대명사로 되어 있음—역주)을 죽이려 하되 무리가 그를 선지자로 여기므로 그들을 두려워하더니, 6 마침 헤롯의 생일이 되어 헤로디아의 딸이 연석 가운데서 춤을 추어 헤롯을 기쁘게 하니, 7 헤롯이 맹세로 그에게 무엇이든지 달라는 대로 주겠다고 약속하거늘, 8 그가 제 어머니의 시킴을 듣고 이르되 **세례 요한**의 머리를 소반에 얹어 여기서 내게 주소서 하니, 9 왕이 근심하나 자기가 맹세한 것과 그 함께 앉은 사람들 때문에 주라 명하고, 10 사람을 보내어 옥에서 **요한**의 목을 베어 11 그 머리를 소반에 얹어서 그 소녀에게 주니 그가 자기 어머니에게로 가져가니라.

이 본문에서 세례 요한은 다섯 번 언급된다. 두 번은 '세례 요한'이라고 언급되고, 세 번은 그냥 '요한'이라고 언급된다. '요한'은 세 번 모두 내레이터가 언급한 것이고, '세례 요한'은 두 번 모두 내러티브 속 인물이 언급한 것이다. 여기에는 분명한 논리가 있다. 헤롯이 실제로 예수에 대해서 들었던 적이 있고, 자기 신하들에게 '이는 요한이다'라고 말했다면, 신하들은 자연스럽게 '어떤 요한을 말씀하시는 것입니까?'라고 대답했을 것이다. 보컴이 제시하는 수치에 따르면 요한은 팔레스타인에서 다섯 번째로 흔한 이름이다. 그러므로 헤롯은 자신이 어떤 요한을 의미하는지 구체적으로 명시할 필요가 있었을 것이다. 마태는 적절한 때에 분봉왕이 그 일을 했다고 전한다(마 14:1). 그러나 3절과 4절에서 논의되는 이 인물(세례 요한)의 정체는 이미 명확하다. 그래서 내레이터가 단순히 '요한'이라고 언급하는 것만으로 충분하다. 그리고 8절에서 헤로디아의 딸은 헤롯이 특별한 호의를 제안한 것에 대한 반응으로 세례 요한의 머리를 구했다고 보도된다. 여기에서 그녀는 그의 이름을 '세례 요한'이라고 부른다. 만약 그녀가 그러지 않았다면 어땠을지 상상해보라! 어떤 요한이 참수되어야 하는지 어떻게 알 수 있었을까? 10절에서 내레이터는 적절한 때에 헤롯이 사람을 보내어 '요한'의 목을 베었다고 전한다.

그러므로 우리는 내레이터와 내러티브상의 등장인물이 분명히 구분된다는 것을 알게 된다. 등장인물들은 그들이 문맥상 분명히 하기 위해 말해야 하는 방식대로 정확하게 말한다. 이에 대한 두 가지 단순한 설명이 가능하다. 즉, 저자는 사람들이 말했던 것을 그대로 보도했거나, 아니면 사람들이 (실제) 역사 속 맥락에서 말했을 방식을 정교하게 모방할 수 있었다. 어느 것이든, 저자는 자신이 기록하고 있는 상황에 대한 세부적인 문화적 지식을 가지고 있었음이 틀림없다.

예수라는 이름

같은 특징에 대한 추가적인 예시에는 예수의 이름을 부르는 것도 포함된다. **예수**라는 이름은 구약의 **여호수아**라는 이름을 다른 방식으로 표현한 형태고, 보컴에 따르면 팔레스타인에서 여섯 번째나 일곱 번째로 흔한 남성 이름이었다.[41] 이 이름은 대중적인 이름으로서 만약 적절한 문맥적 표시가 없이 사용된다면, 분명히 '어떤 예수를 말하는 것인가?'라는 질문을 불러일으켰을 것이다. 그러나 기독교가 상당히 성장한 후에는 더 이상 그렇지 않았을 것이다. 예수는 유명해졌다. 예수라는 이름은 그와는 매우 다르고 불행한 느낌의 이름인 **아돌프**(Adolf)와 같은 변화를 겪었다. 1900년 독일에서 그 이름을 무심코 말하게 되면, 자연스럽게 '어떤 아돌프를 말하는 건가요?'라는 질문을 받았을 것이다. 정말 많은 아돌

---

41. Bauckham, *Jesus and the Eyewitnesses*, 70에 보면 여섯 번째로 되어 있지만, 위의 각주 28번을 보라.

프가 있었다. 그러나 1945년에 (아돌프라고 하면) 즉각 떠오르는 한 사람은 아돌프 히틀러였을 것이다.

비록 '예수'라는 이름은 그렇게 불행한 느낌이 아니지만, 둘 사이에는 유사점이 존재한다. 주후 30년에 예수라는 이름은 팔레스타인에 사는 한 유대인의 평범하고 특색 없는 이름이었지만, 시간이 지남에 따라 그 이름은 특별히 한 개인과 관련지어졌고 다른 사람을 가리키는 이름으로는 점점 덜 사용하게 됐다.[42] 그러나 우리는 사복음서가 **예수**를 추가적인 식별어(extra identifier)를 필요로 하는 흔한 이름으로 여기고 있음을 알 수 있다.

마태복음. 우리는 군중 속에서 마태가 예수라는 이름을 처음으로 사용한 본문으로부터 시작할 수 있다.

> 6 제자들이 가서 예수께서 명하신 대로 하여 7 나귀와 나귀 새끼를 끌고 와서 자기들의 겉옷을 그 위에 얹으매 예수께서 그 위에 타시니 8 무리의 대다수는 그들의 겉옷을 길에 펴고 다른 이들은 나뭇가지를 베어 길에 펴고 9 앞에서 가

---

42. 이 이름의 사용이 감소하는 것과 관련해서 Margaret Williams, "Palestinian Jewish Personal Names in Acts," 87을 보라.

고 뒤에서 따르는 무리가 소리 높여 이르되 호산나 다윗의
자손이여 찬송하리로다 주의 이름으로 오시는 이여 가장
높은 곳에서 호산나 하더라. 10 예수께서 예루살렘에 들어
가시니 온 성이 소동하여 이르되 이는 누구냐 하거늘 11 무
리가 이르되 **갈릴리 나사렛에서 나온 선지자 예수**라 하니
라.

  12 **예수**께서 성전에 들어가사 성전 안에서 매매하는 모
든 사람들을 내쫓으시며 돈 바꾸는 사람들의 상과 비둘기
파는 사람들의 의자를 둘러 엎으시고. (마 21:6-12)

우리는 내레이터가 예수를 그냥 **예수**라고만 부를 수 있
었고, 마태복음의 맥락상 그것이 전혀 모호하지 않다는 것도
알고 있다. 그러나 군중은 단순히 '이분이 예수다'라고만 말
할 수는 없다. 그렇게 하는 것은 불분명할 것이다. 그래서 군
중들은 예수의 고향을 언급함으로써 모호함을 없앴다. 이것
이 실제로 그 사건이 일어났었다면 발생했어야 했던 일이다.
  이제 마태복음 26장의 설명을 살펴보자.

  63 **예수**께서 침묵하시거늘. 대제사장이 이르되 내가 너로
살아 계신 하나님께 맹세하게 하노니 네가 하나님의 아들

그리스도인지 우리에게 말하라. **64** **예수**께서 이르시되 네가 말하였느니라. 그러나 내가 너희에게 이르노니 이 후에 인자가 권능의 우편에 앉아 있는 것과 하늘 구름을 타고 오는 것을 너희가 보리라 하시니. **65** 이에 대제사장이 자기 옷을 찢으며 이르되 그가 신성 모독 하는 말을 하였으니 어찌 더 증인을 요구하리요 보라 너희가 지금 이 신성 모독 하는 말을 들었도다. **66** 너희 생각은 어떠하냐 대답하여 이르되 그는 사형에 해당하니라 하고 **67** 이에 예수의 얼굴에 침 뱉으며 주먹으로 치고 어떤 사람은 손바닥으로 때리며 **68** 이르되 그리스도야 우리에게 선지자 노릇을 하라 너를 친 자가 누구냐 하더라.

　　69 베드로가 바깥 뜰에 앉았더니 한 여종이 나아와 이르되 너도 **갈릴리 사람 예수**와 함께 있었도다 하거늘. **70** 베드로가 모든 사람 앞에서 부인하여 이르되 나는 네가 무슨 말을 하는지 알지 못하겠노라 하며 **71** 앞문까지 나아가니 다른 여종이 그를 보고 거기 있는 사람들에게 말하되 이 사람은 **나사렛 예수**와 함께 있었도다 하매 **72** 베드로가 맹세하고 또 부인하여 이르되 나는 그 사람을 알지 못하노라 하더라. **73** 조금 후에 곁에 섰던 사람들이 나아와 베드로에게 이르되 너도 진실로 그 도당이라 네 말소리가 너를 표명한

다 하거늘. **74** 그가 저주하며 맹세하여 이르되 나는 그 사람을 알지 못하노라 하니 곧 닭이 울더라. **75** 이에 베드로가 **예수**의 말씀에 닭 울기 전에 네가 세 번 나를 부인하리라 하심이 생각나서 밖에 나가서 심히 통곡하니라. (마 26:63-75)

여기서 내레이터가 63, 64, 75절에서 '예수'라고 단순하게 부르는 것과 예수께서 대제사장에 의해 심문받으시는 장소의 바깥 뜰에서 두 여종이 예수를 더 분명하게 부르는 것은 대조된다. 여종들은 베드로가 틀림없이 예수의 제자 중 하나라고 고발하지만, 실제 상황에서 그들이 '너도 예수와 함께 있었다'라고 말하는 것으로는 충분하지 않았을 것이다. 왜냐하면 십중팔구 그날 저녁 대제사장의 거주지에는 한 명 이상의 예수가 있었을 것이기 때문이다.

계속해서 마태복음을 따라가다 보면, 우리는 빌라도가 군중에게 말을 걸며, "너희는 내가 누구를 너희에게 놓아 주기를 원하느냐? 바라바냐 **그리스도라 하는 예수**냐?"라고 묻는 것을 볼 수 있다(마 27:17).[43] 다시 빌라도는 "**그리스도라 하**

---

43. 덜 입증된 사본의 독법에 따르면, 빌라도는 이 범죄자를 "바라바"가 아니라 "바라바 하는 예수"라고 부른다. 비록 이것이 올바른 독법이라

는 예수를 내가 어떻게 하랴?"라고 묻는다(마 27:22). 예수의
십자가 위에 있는 죄패에는 '**유대인의 왕 예수**'라고 적혀 있
었고(마 27:37), 여자들이 예수의 무덤을 방문했을 때 만난 천
사는 "**십자가에 못 박히신 예수**를 너희가 찾는 줄을 내가 아
노라"라고 말한다(마 28:5). 각 경우에 모두 모호함을 없애주
는 요소가 있다.

   마가복음. 마가복음에도 같은 것이 나타난다. 예수의 이
름과 관련하여 모호함을 없애주는 요소가 나오지 않으면 이
상했을 그런 내용이 담화 속에 나온다. 귀신들은 "**나사렛 예
수**여 우리가 당신과 무슨 상관이 있나이까?"라고 묻고(막
1:24), 여종은 베드로에게 "너도 **나사렛 예수**와 함께 있었도
다"라고 말하며(막 14:67), 흰 옷을 입은 한 청년(즉, 천사)은 무
덤에서 여성에게 "너희가 **나사렛 예수**를 찾는구나"라고 말
한다(막 16:6). 특히 흥미로운 예로는 담화의 안과 밖 둘 다에
모호함을 없애주는 요소가 나타난다는 것이다. 맹인 거지 바
디매오와 관련해서 마가는 바디매오가 "**나사렛 예수**"라는
말을 듣자 "**다윗의 자손 예수**여"라고 소리 지르며 말했다고

   고 해도, 이는 예수라는 이름이 명확하게 해주는 것을 필요로 했다는
   나의 주장을 강화시킬 뿐이다.

전한다(마 10:47). 이 내러티브는 맹인이 **들은 것**을 전하고 있기 때문에, 모호함을 없애주는 요소가 담화 밖에서 사용된 것이다. 단순히 흔한 남성 이름을 가진 누군가가 지나가고 있다고 말하는 것만으로는, 왜 거지가 부르짖기 시작했는지를 설명할 수 없을 것이다.

누가복음. 예수의 이름과 관련해서 모호함을 없애주는 요소를 사용하는 같은 패턴이 다음과 같이 누가복음의 담화에도 나타난다.

- "나사렛 예수"(눅 4:34)
- "지극히 높으신 하나님의 아들 예수"(눅 8:28)
- "예수 선생님"(눅 17:13)
- "나사렛 예수"(눅 24:19)

우리는 누가가 맹인 거지와 관련해서 "그들이 **나사렛 예수**께서 지나가신다 하니 맹인이 외쳐 이르되 **다윗의 자손 예수**여 나를 불쌍히 여기소서 하거늘"(눅 18:37-38)이라고 전할 때, 평행본문인 마가복음 10:47에 나타난 것과 같은 현상을 보게 된다. 그리고 만약 이 사건이 정말로 일어났다면, 어떤 예수를 의미하는지를 명시하는 것이 절대적으로 필요했을 것이다.

어쩌면 누가복음에서 예외로 보일 수도 있는 부분에서 모호함을 없애주는 요소가 담화 가운데 사용되지 않는 예가 하나 나타난다. 예수와 함께 십자가에 달린 행악자 중 하나가 그에게 "예수여, 나를 기억하소서"라고 말한다(눅 23:42). 그러나 여기에 모호함을 없애주는 요소가 없는 것은 문제가 되지 않는다. 왜냐하면 이 표현이 군중을 배경으로 하는 일반적인 담화에 등장하는 것이 아니라, 십자가에 달린 누군가—말 한마디를 하더라도 상당히 큰 노력이 요구되는—의 개인적인 호칭으로 사용되기 때문이다.

요한복음. 마지막으로 우리는 요한복음에서도 같은 패턴을 발견할 수 있다. 담화가 보도될 때 우리는 모호함을 없애주는 요소를 보게 된다.

- "요셉의 아들 나사렛 예수"(요 1:45)
- "요셉의 아들 예수"(요 6:42)
- "나사렛 예수"(요 18:5)
- "나사렛 예수"(요 18:7)

우리는 십자가 위에 써 있는 '나사렛 예수 유대인의 왕'이라
는 글에서도 같은 패턴을 발견하게 된다(요 19:19—편주). 그러
나 요한복음에도 예외가 있다. 요한복음 9:11에서 맹인으로
태어난 사람은 예수에 의해서 시력을 되찾게 되자 누가 낫게
했냐는 질문을 받았다. 그 맹인이었던 자는 '**예수**라 하는 그
사람'이라고 단순하게 대답했다. 그러나 사실 이런 단순한
묘사까지도 이 패턴을 강화한다. 요한복음의 문체에 익숙한
사람들은 사실 맹인이었던 사람의 무지가 묘사되고 있다고
생각한다. 맹인이었던 자가 예수를 단지 흔한 이름을 가지고
있는 사람으로만 인식하고 그에 대해서 더 알지 못하고 있다
는 사실은, 이 국면에서 내러티브가 그를 (예수에 대해) 무지한
자로 서술하고 있는 점과 정확히 일치한다. 하지만 그는 곧
훨씬 더 많은 것을 알게 된다(참고, 요 9:35-38—역주).[44]

이름이 우리에게 말해주는 것

이름에 관한 한 가지 주목할 만한 특징은 종종 이름을 기
억하기가 어렵다는 것이다. 이것은 그리 놀라운 일이 아니

---

44. 예를 들면, Barnabas Lindars, *The Gospel of John* (London: Marshall,
Morgan & Scott, 1972), 345을 보라.

다. 왜냐하면 대부분의 사람 이름은 상당히 임의로 부여되기 때문이다. 보통 한 개인이 특정 문화에서 평범한 많은 이름 중 하나로 불려야 하는 인상적인 이유는 없다. 그래서 우리는 사람들에 대한 다른 많은 것들을 기억할 때조차도 이름을 자주 잊어버린다. 사회적인 환경에서 우리는 사람들의 이름을 기억하기 어려울 때에도 누군가와의 마지막으로 나누었던 대화의 세부 사항을 종종 기억할 수 있다. 우리는 영화를 보고 난 후에 그 영화의 등장인물과 그들이 무엇을 행했는지를 기억할 수는 있지만, 인물들의 이름은 종종 기억해내지 못한다. 임의로 붙인 꼬리표와 같은 이름보다 일관된 맥락으로서의 이야기가 기억하기 쉽다.

이것은 우리가 복음서 안에 가지고 있는 정보의 **질**과 관련해서 의미하는 바가 크다. 우리는 이미 복음서 저자들이 그들이 기록하는 장소에 매우 친숙했음을 나타내는 여러 증거를 살펴보았다. 복음서 저자들이 가진 지역 이름에 대한 지식은 이러한 지역 친근성의 패턴을 강화한다. 저자들 중 누구라도, 만약 팔레스타인 땅 밖에 살았다면, 지역의 이름 짓는 패턴을 조사하여 그것으로 그럴듯한 이야기를 지어냈을 가능성은 매우 낮다. **네** 명의 저자들이 (동시에) 이런 일을 할 수 있었을 것이라고 생각하는 것은 도저히 있을 수 없는 일이다. 왜냐하면 각 저자들의 복음서마다 다른 세 복음서에는 나오지 않는 이름을 포함하고 있기 때문이다.

그러나 복음서 저자들이 그 땅의 토박이들이라 사람들이 일반적으로 어떻게 불리는지 알았고, 따라서 자신들의 이야기를 위한 이름들을 만들어냈**다고 가정**해보자. 심지어 그런 상황이라고 해도 우리는 개별 저자의 네 작품을 합쳤을 때 지역에서 사용된 이름과 정확하게 비례하는 여러 이름들의 빈도를 발견하게 될 것이라 좀처럼 기대하지 않을 것이다.

우리는 오늘날 가장 흔한 이름에 대한 조사 결과를 읽게 되면 몇 번이고 놀라게 된다. 왜냐하면 어떤 이름이 가장 흔한지에 대한 우리의 인식이 우리가 만나는 상대적으로 적은 사람들의 집단에 근거하고 있기 때문이다. 지역에 정통한 저자 한 사람의 인식으로는 허구적인 인물의 이름을 진짜처럼 만들어낼 수 없었을 것이다. 비슷한 네 명의 저자들이 그럴 수 있었을 가능성은 훨씬 더 적다.

가장 단순한 설명은 이것이다. 복음서 저자들은 사람들이 실제로 불리던 것을 믿을 만하게 보도하고 있기 때문에 자신들의 내러티브에서 진정성 있는 이름 패턴을 제시할 수 있었다. 또 이름들을 기억하기 어렵다는 사실을 염두에 둘 때 복음서에 나오는 이름들의 진정성 있는 패턴은 복음서 증언의 **질이 좋다**는 것을 시사한다. 결국, 그들이 개인의 이름과 같은 덜 기억될 만한 세부 사항을 정확하게 기억했다면, 사건에서 **더욱** 기억하기 쉬운 개요를 기억하는 데는 어떤 어려움도 없었을 것이다.

나는 미국인들이 전화 게임(the telephone game)이라고 부르고, 다른 영어권 지역에서는 애석하게도 '중국인의 속삭임'(Chinese whisper: 한 사람에게서 다른 사람으로 말을 옮기는 게임을 말하는데, 중국어를 알아들을 수 없다는 의미에서 만들어진, 중국을 다소 비하하는 표현임—역주)으로 알려진 게임에 비유된 예수 이야기 전승을 몇 번 들어본 적이 있다. 이 게임은 사람들이 돌아가면서 계속 귓속말로 말을 옮길 때 메시지가 얼마나 많이 변질되는지를 보여주는 재미를 제공한다. 바트 어만은 아래와 같이 물으면서 메시지가 쉽게 변질될 수 있음에 호소한다.

> 당신은 시간이 지나면서 예수 이야기가 말해지고 또 재차 말해졌을 때, 그 이야기에 어떤 일이 일어났다고 생각하는가? 그 이야기가, 목격자가 전하는 객관적인 보도 기사가 아니라 사람들을 개종시키기 위해서 의도된 선전으로서, 5번이나 6번 또는 19번을 거쳐 그 이야기를 전해들은 사람들에 의해 말해졌을 때, 어떤 일이 발생했다고 생각하는

가? 당신과 당신의 아이들이 생일파티에서 전화 게임을 해
본 적이 있는가?[45]

그러나 이 유비는 잘못 선택됐다. 궁극적으로 이 게임은 특
히 **변질을 일으키도록 최적화된** 게임이다. 그래서 귓속말을
하면서 한 번에 한 사람에게만 메시지를 전해야 한다는 규칙
이 있는 것이다. 또한 게임을 하는 사람들의 수가 충분하다
면 (전달되는) 메시지는 반드시 변질되게 되어 있다.

복음서의 믿을 만한 정보를 전승했던 환경은 극명하게
다를 수 있다. 사람들의 이름과 지명은 믿을 만했고, 이것은
신뢰할 수 없는 여러 전승 단계를 거쳐서 전달될 수도 없었
다. 그뿐만 아니라 초기 기독교의 상황도 변질을 일으키기에
적합하지 않았다. 진실을 매우 강조했고, 권위 있는 가르침
에 대한 의식이 있었으며, 예수를 따르는 자들이 지리적으로
넓게 분포되어 있었고, 예수를 따르는 데 희생해야 할 부분
도 많았다. 변질이 우연히 발생했다는 그럴듯한 시나리오는
존재할 수 없는 환경이었다. 이와는 대조적으로 사람들이 신

---

45. Bart D. Ehrman, *Jesus, Interrupted: Revealing the Hidden Contradictions in the Bible (and Why We Don't Know about Them)* (New York: HarperOne, 2009), 146–47 [=『예수 왜곡의 역사』, 청림출판, 2010].

뢰할 수 있는 정보를 전달했다는 견해는 데이터를 더 간단하게 설명해준다.

또 다른 특징들

지리와 개인의 이름에 대한 폭넓은 지식뿐만 아니라, 또 다른 많은 정보들도 복음서 저자들을 알게 해주고 그들의 정체에 대한 단서를 제공한다. 여기에 몇 가지 예들이 있다.

유대성

학자들은 복음서에 관한 여러 문제들에 의견을 달리하지만, 한 가지 측면에서는 거의 보편적으로 일치를 이루었다. 그것은 바로 복음서가 유대적이라는 것이다.

마태복음은 구약의 특징적 문체를 보여주는 16구절의 족보로 시작되고, 유대교 성경에서 가져온 55개의 인용문을 포함하고 있으며,[46] 전체적으로는 유대교의 관습, 논쟁, 언어,

---

46. Craig L. Blomberg, "Matthew," in *Commentary on the New Testament Use of the Old Testament*, ed. G. K. Beale and D. A. Carson (Grand Rapids, MI: Baker Academic, 2007), 1 [= 『마태·마가복음: 신약의 구약사용 주석 시리즈 1권』, CLC, 2010]

정치를 다룬다.

마가복음은 구약 인용문으로 시작하며(막 1:2-3), 다섯 개
의 연속되는 논쟁 이야기를 담고 있는데, 이는 누가 죄를 용
서할 수 있고 누구와 함께 식탁을 공유할 수 있는지, 또 금식
과 안식일과 같은 본질상 유대적인 논의와 관련된다. 예수의
핵심 설교에는 비유(막 4장), 정결법(막 7장), 종말(막 13장)이 있
는데, 마가복음은 유대적 장르(비유), 유대적 관심사(정결법),
유대적 묵시 언어(종말)로 가득한 문서다.[47]

요한복음은 구약의 가장 초기 그리스어 번역본에 나오는
첫 두 단어(Εν ἀρχῇ, '처음에', '태초에'—역주)와 동일한 단어로 시
작하면서 성경의 첫 부분을 매우 잘 보여주는 서막으로 시작
한다. 요한은 정결 예식에 사용하는 돌항아리에 대해서 알고
있는데, 이는 유대적인 특징을 잘 보여준다.[48]

가장 덜 유대적인 복음서는 누가복음이 거의 틀림없지만
우리는 그 안에서도 유대 사상에 대한 상당히 세부적인 지식

---

47. Daniel Boyarin, *The Jewish Gospels: The Story of the Jewish Christ* (New
     York: New Press, 2012), 68-69은 마가복음 2장과 7장에 나오는 논쟁
     과 관련해서 "예수 또는 마가는 할라카(halakhic) 논쟁을 분명히 알고
     있었다"고 언급한다.

48. Stuart S. Miller, *At the Intersection of Texts and Material Finds:
     Stepped Pools, Stone Vessels, and Ritual Purity among the Jews of
     Roman Galilee* (Göttingen: Vandenhoeck & Ruprecht, 2015), 155.

을 발견하게 된다. 예를 들면, 예수께서 마귀와 논쟁하실 때
(눅 4:9-12; 이는 마 4:6-7에도 나온다), 논의되는 내용은 시편 91편
의 올바른 해석에 대한 문제다. 이 시편이 특히 귀신을 쫓기
위해 사용됐음을 보여주는 사해사본 중 하나(11Q11)가 발견된
것은 예수와 마귀의 대화를 깊이 있게 이해하도록 해준다.
누가복음은 당시 유대교와 정확히 일치하는 무언가를 기록
했다.[49] 마찬가지로 오직 누가만이 예수께서 죽으시면서 "아
버지, 내 영혼을 아버지 손에 부탁하나이다"(눅 23:46)라고 하
신 말씀을 보도하는데, 이때도 유대교 사상에 대한 지식이
나타난다. 이는 시편 31:5을 직접적으로 인용한 것인데, R. 스
티븐 나틀리(Steven Notley)는 이 본문을 '율법을 준수하는 유
대인이 전통적으로 드리는 임종 기도'라고 불렀다.[50]

복음서의 유대성이 연대(추정)에 미치는 영향

　기독교는 유대교의 한 부분으로 시작됐다. 모든 첫 기독
교인들은 유대인이었다. 그러나 수십 년 만에 상당수의 이방
인이 기독교인이 됐다. 기독교 자료와 비기독교 자료가 일치
하는 한 가지는 기독교가 급속하게 성장했다는 것이다.

49.　Evans, *Jesus and the Remains of His Day*, 92, 106-8.
50.　Notley, *In the Master's Steps*, 77.

시간이 지나면서 기독교가 가지고 있던 본래의 유대성이 잊혀지게 되는 것은 지극히 당연한 일이었다. 학자들은 이 과정이 일어난 시기에 대해 논쟁하지만 기독교와 유대교가 각자의 길을 가게 됐다는 사실에는 의심의 여지가 없다. 일반적으로 후대에 나타난 기독교 문서일수록 유대교와의 공통점이 더 적다. 만약 우리가 2세기나 그 이후의 문서를 살펴본다면 확실히 복음서보다 덜 유대적인 것으로 보일 것이다. 예컨대, 우리는 사복음서와 2세기 중엽의 『도마복음』을 비교할 수 있다. 『도마복음』에는 당시 기록된 문서에 전형적으로 나타나듯이 유대적인 배경을 거의 보여주지 않는다.[51]

사복음서의 유대성은 그것이 초기의 것이고 초기 사상을 반영하고 있다고 가정할 때 가장 잘 설명될 수 있다. '초기'는 상대적인 말이다. 하지만 유대와 로마의 전쟁(주후 66-73년)으로 인해 유대와 갈릴리에 사는 주민들이 유린당하고 예루살렘 성전이 파괴되어 수도로서의 예루살렘이 멸망한 후에 유대교에 중요한 변화가 발생했음이 틀림없다. 학자들은 복음서의 연대를 주후 70년에 발생한 성전 파괴 이전으로 잡아야 할지, 아니면 이후로 잡아야 할지와 관련해서 의견이

---

51. S. J. Gathercole, *The Gospel of Thomas: Introduction and Commentary* (Leiden: Brill, 2014), 163-64.

나뉜다. 하지만 우리가 이미 살펴본 바, 대다수의 학자들은 마태와 누가가 성전 파괴 이후에 기록됐다고 생각하고, 일부 학자들은 마가가 성전 파괴 이전 시기에, 일부는 그 이후에 기록됐다고 보고 있다.

학자들이 마태, 마가, 누가의 연대를 주후 70년 이후로 보려고 하는 한 가지 이유는, 복음서에 예루살렘 성전 파괴 및 그와 관련된 사건을 말씀하시는 예수가 등장하기 때문이다(마 24:2; 막 13:2; 눅 21:6, 20, 24). 확실히 초자연적인 예언을 믿지 않는다면, 예수께서 이런 언급을 하신 연대는 성전 파괴가 자연스럽게 예상될 수 있을 때나 이미 성전 파괴가 발생했을 때로 볼 수밖에 없다. 그러나 만약 우리가 초자연적인 예언이 일어날 수 있다고 생각한다면, 그런 식으로 제한받지 않아도 된다.

우리는 이렇게 표현할 수 있다. 사복음서는 세계관, 주제, 세부 사항에 있어서 유대교에 너무나 많은 영향을 받았기 때문에 그 연대를 유대 전쟁이 있기 상당히 이전으로 보는 것이 합당할 것이다.

지금, 나는 모든 복음서가 이 연대 이전에 기록됐다고 말하고 있는 것이 아니다. 또는 심지어 그중 어떤 복음서가 이 연대 이전에 기록됐다고 말하고 있는 것도 아니다. 나의 주

장은 가능성 있는 다양한 연대와 이들 사이의 가능성 있는
상호 관계의 범위를 고려해볼 때 복음서의 신뢰성이 더욱 강
력해진다는 것이다. (복음서) 자료의 유대성은 최소한 그 내용
에 있어서 더 초기의 연대를 지지하기에, 우리가 만약에 복
음서가 1세기 후반에 기록된 것이라고 말한다 해도 그 안의
자료만큼은 그렇지 않다.

식물 용어

또한 복음서는 다수의 식물 용어를 언급하는데 이들 대
부분은 지중해 주변 지역과 어울리는 것들이다. 무화과, 포
도나무, 밀은 모든 지역에서 자라는 것들이기에 내러티브 맥
락을 정확히 이해하는 데에는 우리에게 별 도움을 주지 못한
다. 그러나 예수께서 바리새인들이 어떻게 박하와 회향과 근
채의 십일조를 드리는 일에 주의를 기울이는지 말씀하실 때
(마 23:23) 박하와 회향과 근채에 대한 랍비 논쟁과 관련된 구
체적인 지식을 발견할 수 있다.[52]

---

52. 미쉬나 *Maaseroth* 4.5 and *Eduyoth* 5.3. Herbert Danby, *The Mishnah,
    Translated from the Hebrew with Introduction and Brief Explanatory
    Notes* (Oxford: Oxford University Press, 1933), 72, 431을 보라. 식물
    의 정체와 관련해서는 On the identity of the plants, Peter M. Head
    and P. J. Williams, "Q Review," *Tyndale Bulletin* 54, no. 1 (2003):

또 하나의 주목할 만한 지식은 누가가 세리 삭개오가 여리고에 있는 돌무화과나무(sycamore tree)에 올라갔던 것을 기록하는 곳에 나타난다(눅 19:4). 관련 종인 '피쿠스 쉬코모루스'(ficus sycomorus: 이는 시카모어 무화과의 라틴어 학명이다—역주)는 지중해 북쪽 지역의 나라들(이탈리아, 그리스, 터키)에서는 자라지 않았는데, 사실 저 나라들에는 천연 수분 매개체(natural pollinators)도 없었다.[53] 그러나 2세기 랍비 압바 샤울(Abba Shaul)에 따르면 이 나무는 여리고의 특징적인 나무였다.[54] 이 복음서 저자는 어떻게 여리고에 무화과나무(sycamore)가 있는 것을 알았을까? 이에 대한 단순한 설명은 그가 거기에 살았거나 거기에 살았던 사람에게 이야기를 전해들었다는 것이다.

세입

마태와 마가는 전체 세리 집단을 가버나움에 위치시킨다(마 9:9-10; 막 2:14-15). 어떤 복음서에도 언급되지 않은 것은 가버나움이 갈릴리바다 북쪽 끝부분에 있는 전략적 요충지이

136-38에 대한 나의 논평을 보라.

53. J. Galil and D. Eisikowitch, "On the Pollination Ecology of Ficus Sycomorus in East Africa," *Ecology* 49, no. 2 (1968): 260.

54. 바빌로니아 탈무드 *Pesachim* 57a.

자 헤롯 안티파스 지역의 국경을 넘는 것에 대한 관세 (customs)를 걷는 중요한 위치라는 사실이다. 마찬가지로 누가는 삭개오를 여리고의 **세리장**으로 언급한다(눅 19:2). 무화과나무만이 이 지역에 적합한 것이 아니다. 여리고는 헤롯 안티파스의 지역인 베레아(Peraea)와 본디오 빌라도의 유대 사이에 있는 국경에서 유대 쪽에 있는 주요 도시이기도 하다. 그러므로 마태, 마가, 누가는, **서로 다른** 국경 도시에서 세리들과 함께 일어난 사건을 각각 독립적으로 기록하고 있는 것이다. 즉, 복음서는 지역 관세 체계에 대한 지식을 보여주고 있다.

마태 자신은 전통적으로 세리로 여겨졌는데, 마태복음은 복음서 중 재정에 대한 가장 큰 관심을 보여주며 오직 마태만이 돈과 보물에 대한 가장 많은 내용을 언급한다.

- 값비싼 선물을 가지고 있던 동방박사(마 2:11)
- 밭에 감추인 보화에 대한 비유(마 13:44)
- 감추어진 진주에 대한 비유(마 13:45-46)
- 옛 보물과 새 보물을 그 곳간에서 내오는 자에 비유된 서기관(마 13:52)
- 베드로와 성전세를 걷는 자들에 대한 이야기(마 17:24-27)

- 일만 달란트의 엄청난 빚을 탕감받고 자신에게 일백 데나리
  온 빚진 자를 용서하지 못하는 종에 대한 비유(마 18:23-35)
- 늦게 도착해서 적게 일했는데도 하루에 한 데나리온이라는
  같은 임금이 주어지는 것에 불만을 품은 포도원 품꾼들에
  대한 비유(마 20:1-16)
- 달란트 비유(마 25:14-30)[55]
- 유다의 배반금(betrayal money)과 그것으로 구입한 밭(마 27:3, 7)
- 대제사장이 예수의 무덤을 지키는 경비병들에게 준 뇌물(마 28:12)

마태와 마가는 둘 다 고르반(마 27:6; 막 7:11), 즉 성전에 바쳐지는 돈에 대해 언급한다. 그러나 서로 다른 사건을 기록한다. 하나는 대제사장의 연설이고, 다른 하나는 예수께서 다른 이들의 말을 인용하시는 경우다. 그리고 이 두 복음서는 그 단어의 철자를 다르게 쓰는데(마태는 κορβανᾶς의 목적격인 κορβανᾶν을 쓰고, 마가는 격변화가 없는 κορβᾶν이라고 쓴다—역주), 이는 두 사람이 이 용어를 아는 데 있어서 서로 영향을 주고받지 않았

---

55. 누가복음에는 좀 더 작은 통화인 므나에 대한 비슷한 이야기가 나온다(눅 19:12-27).

음을 보여준다.[56]

지역 언어

예수 시대의 팔레스타인에서는 그리스어, 히브리어, 아람어가 사용됐다는 증거가 있다. 각 언어를 사용하는 사람의 정확한 비율과 어느 정도로 여러 언어가 사용됐는지는 논쟁 중이다. 그러나 우리는 마태, 마가, 요한이 지역 언어에 어느 정도 익숙했다는 데 분명한 증거를 가지고 있다.

마태복음 21:9, 마가복음 11:9-10, 요한복음 12:13은 유월절 가까이에 무리가 예수께 '호산나'라고 외친 것을 기록하고, 마태복음 21:15은 심지어 어린아이들도 이 외침에 참여했다고 말한다. 이 단어는 본래 시편 118:25에서 유래한 것으로 '구원하다'를 의미한다. 이 단어가 유월절 기간에 부르는 6개의 시편의 절정에서 비롯된 것이기 때문에 복음서가 이 단어를 사용한 것은 매우 적절하다. 그러나 추가로 주목해 보아야 할 두 가지 내용이 있다.

1. 복음서에서 **호산나**는 '구원하다'라는 의미로 사용되지 않는다. "가장 높은 곳에서 호산나"(마 21:9; 막 11:10)와 "호산나 다윗의 자손이여"(마 21:9, 15)라는 표현은 이 단어를 여전히

---

56. 또한 Josephus, *Jewish War* 2.175; 미쉬나 *Nedarim* 2.2을 보라.

'구원하다'의 의미로 볼 경우 전혀 이해되지 않는다. **호산나**는 분명 무리가 좋아하는 단어지만 의미가 바뀌어서 축하를 표현하게 됐다. **호산나**의 이런 의미 변화는 후기 유대교 자료에 나타난다. 그러므로 복음서 저자들은 특정 시기의 유대인들이 이 단어를 사용했던 것뿐 아니라 시간이 지나면서 이 단어가 발전하게 된 것을 보여주기도 한다.

2. 복음서에서 '호산나'(hosanna)는 원래 히브리어 형태인 '호쉬안나'(hoshianna)와는 다른 형태를 가지고 있다. 그리스어는 히브리어 '쉬'(sh) 소리를 표현할 수 없기 때문에 s 발음을 사용해서 sh를 표현한다. 그러나 i 소리의 생략은 시간이 지나면서 나타난 언어적 변화를 보여주고 이는 시편이 기록됐던 때가 아닌 신약 시대의 히브리어를 반영한다. 복음서 저자들은 1세기에 발음되는 대로 정확히 이 단어를 사용한 것이다. 이것은 어떤 저자든지 단순히 책을 찾아보는 것으로 얻을 수 있는 종류의 지식이 아니다.[57]

---

57. 더 완전한 설명은 이렇다. 보다 이른 시기의 히브리어에는 남성 단수로 쓰인 일부 동사의 더 긴 형태의 명령법과 더 짧은 형태의 명령법이 있었다. **호쉬아**(hoshia)는 더 긴 형태이고, **호샤**(hosha)는 더 짧은 형태다. 끝부분의 nna는 보강하는 말인 n 뒤에 이어지는 불변화사(particle) na로 구성된다. 시간이 지나면서 더 긴 형태의 명령법이 완전히 사라졌다. 또한 바빌로니아 탈무드 Sukkah 37b에 나오는 4세기 인용문에서 원문과는 매우 다른 의미로 사용된 짧은 형태의 **호샤나**

독특한 풍습

　　복음서는 다양한 독특한 지역 풍습들을 증언한다. 이 중 어느 하나가 더 널리 알려질 수는 있었겠지만, 이 풍습들이 조합되면 지역에 대한 깊은 인식을 나타낸다. 나는 예수께서 십자가로 나아가시는 날들을 기록하는 부분에서 단지 몇 가지 예만 들도록 하겠다.

　　마태와 마가는 예수께서 유월절을 며칠 앞두고 예루살렘에서 3.2km가 안 되는 곳에 있는 베다니 마을에 머무시면서(마 26:6; 막 11:11, 19) 예루살렘에서 유월절을 기념할 준비를 하시고(마 26:17-18; 막 14:12-14) 감람산으로 나아가신 것으로 전한다(마 26:30; 막 14:26). 누가는 예수께서 밤에는 감람산에 머무시지만(베다니는 감람산의 경사면에 위치해 있다), 유월절 식사가 있는 날에는 예루살렘에 가셨다가 다시 감람산으로 나아가셨다고 하는데, 이는 겉보기에 예수께서 통상 밤에 머무신 장소가 아닌 것처럼 보인다(눅 21:37; 22:7-8, 39). 요한은 예수께서 유월절이 있기 6일 전에 베다니에 도착하셨다고 언급하지만 최후의 만찬을 위해 예루살렘에 가셨다고는 기록하지 않는다. 그러나 이것은 예수와 그의 제자들이 이후에 기드론 시

(*hoshana*)를 보라.

내를 건너 동산에 가셨다는 사실에 의해서 암시되고, 이는 예수께서 예루살렘을 떠나 감람산으로 가셨다고 전하는 다른 복음서의 묘사와 일치한다(요 12:1; 18:1).

그러므로 복음서는 유월절이 예루살렘 성벽 내에서 기념될 필요가 있다는 풍습을 전제로 하며, 서로 다른 방식이기는 하지만 하나의 공통된 그림을 제시한다.[58] 그리고 마태복음 26:30과 마가복음 14:26은 예수와 제자들이 감람산에 올라가기 전에 찬양을 불렀다고 특별히 언급한다. 랍비 전통에 따르면 유월절 축제 때 할렐(Hallel: 시 113-118편)이 불렸다고 한다.[59] 흥미롭게도 마태와 마가는 제자들의 찬양 및 앞서 두 복음서가 모두 언급한 시편 118:25에서 가져온 무리의 "호산나" 외침 사이에 어떤 연결점이 있다는 것을 말하지 않는다. 우리는 오직 복음서 외부에 있는 유대 전통에 대한 지식을 통해서만 이 연결점을 포착하게 된다.

예수께서 겟세마네 동산에 있는 동안 대제사장이 보낸 한 무리의 사람들이 그를 체포하기 위해 접근했다. 공관복음에서 그들은 몽치(짤막하고 단단한 몽둥이—편주)를 들고 있다고 묘사된다(마 26:47, 55; 막 14:43, 48; 눅 22:52). 이와 마찬가지로 랍

---

58. 미쉬나 *Pesachim* 7.9, 12과 Notley, *In the Master's Steps*, 65의 논의.

59. 미쉬나 *Pesachim* 9.3과 Notley, *In the Master's Steps*, 69의 논의.

비 자료에서도 제사장의 종들이 몽치를 지닌 것으로 묘사된다.[60]

예수께서는 체포되고 나서 대제사장 앞에 소환되신다. 대제사장은 예수가 신성 모독을 했다고 판결하고 자기 옷을 찢는데(마 26:65; 막 14:63-64), 이는 랍비 문헌에 나오는 신성 모독에 대한 반응과 관련된 행위다.[61]

---

60. 바빌로니아 탈무드 *Pesachim* 57a. 또한 Evans, *Jesus and the Remains of His Day*, 157을 보라.

61. 바빌로니아 탈무드 *Moed Qatan* 26a.

제4장
의도하지 않은 우연의 일치

복음서는 **의도하지 않은 우연의 일치**라고 이름 붙일 수 있는 특별한 진정성 표지를 가지고 있다. 케임브리지 대학교의 신학부 교수인 존 제임스 블런트(John James Blunt, 1794-1855)는 이러한 주장을 구체화했고,[1] 더 최근에는 리디아 맥그루(Lydia McGrew)가 같은 주장을 발전시켰다.[2] 여기에는 다른 곳에서 읽을 수 있는 그런 주장을 되풀이할 지면의 여유가 없

1. J. J. Blunt, *Undesigned Coincidences in the Writings both of the Old and New Testament, An Argument of Their Veracity* (New York: Robert Carter, 1847).

2. Lydia McGrew, *Hidden in Plain View: Undesigned Coincidences in the Gospels and Acts* (Chillicothe, OH: DeWard, 2017).

다. 그래서 나는 몇 가지 예를 드는 것으로 만족하려고 한다.

'의도하지 않은 우연의 일치'와 관련해서 저자들은 서로 간에 일치를 보여주는데, 이는 한 저자가 이야기를 진짜처럼 보이게 하려고 의도적으로 고안한 것이라 생각하기 어려운 유형의 일치다. 이러한 일치는 너무 미묘하고 간접적이어서 매우 주의 깊은 독자 외에는 이를 감지해내기 어렵다. 만약 복음서 저자들이 자신들의 내러티브를 진짜처럼 보이게 하려고 그러한 일치를 끼워 넣은 것으로 생각한다면 이는 복음서 저자들이 고대의 모든 저자들 중 가장 뛰어난 자들이라고 상상하는 것과 같다. 복음서 저자 중 몇몇이 독립적으로 이 일을 했을 것이라고 보는 견해는 정말 그럴듯하지 않다.

두 자매

누가복음과 요한복음에 기록된 마리아와 마르다에 대한 두 이야기를 살펴보자.[3] 두 내러티브는 매우 다르다. 요한복음에서는 한 장의 대부분을 할애하여 예수께서 마리아와 마르다의 동생인 나사로를 죽음에서 살려내는 이야기를 다룬

3.　눅 10:38-42; 요 11:1-46.

다. 누가복음에서는 아래와 같이 요한복음과 어떤 분명한 연관성이 없는 이야기를 보게 된다.

> **38** 그들이 길 갈 때에 예수께서 한 마을에 들어가시매 마르다라 이름하는 한 여자가 자기 집으로 영접하더라. **39** 그에게 마리아라 하는 동생이 있어 주의 발치에 앉아 그의 말씀을 듣더니 **40** 마르다는 준비하는 일이 많아 마음이 분주한지라. 예수께 나아가 이르되 "주여 내 동생이 나 혼자 일하게 두는 것을 생각하지 아니하시나이까 그를 명하사 나를 도와 주라 하소서". **41** 주께서 대답하여 이르시되 "마르다야 마르다야 네가 많은 일로 염려하고 근심하나 **42** 몇 가지만 하든지 혹은 한 가지만이라도 족하니라 마리아는 이 좋은 편을 택했으니 빼앗기지 아니하리라" 하시니라.
>
> (눅 10:38-42)

분명히 요한과 누가가 서로의 책에 대해 알았다면, 그들은 이름들을 베낄 수 있었을 것이다. 그러나 그들은 완전히 다른 서로의 내러티브를 베끼지 않았음이 확실하다.

누가복음은 우리에게 두 명의 대조되는 인물을 제시한다. 첫째는 마르다이다. 그녀는 실제적인 일들로 인해 스트레스를 받고 있다. 둘째는 마리아이다. 그녀는 앉아서 예수의 가르침을 경청하고 있고, 힘들게 일하고 있는 언니의 일을 도외시하고 있다. 이 두 자매를 대조적인 성격 유형으로 나누어서 생각하기는 어렵지 않다. 한 사람은 행동가이고, 다른 한 사람은 조금 더 관조적(contemplative)이다.

요한복음에서 우리는 동일한 두 자매를 보게 되는데, 이들의 남자 형제인 나사로가 죽었다. 예수께서는 그들이 사는 마을로 가신다. 마르다는 이 소식을 듣자마자 예수께로 나아가지만, 마리아는 집에 가만히 "앉아 있었다"(요 11:20). 우리는 복음서의 이러한 묘사에서 우연의 일치를 보게 된다. 그것은 사건에 대한 것이 아니라 반응의 유형에 관한 것이다. 누가복음과 요한복음 모두에서 마리아는 앉아 있고 마르다는 행동한다. 두 복음서에서 마르다는 예수를 환영한다. 항상 활동적인 마르다는 예수를 만난 후에 마리아에게 예수께서 그녀를 부르신다고 비밀스럽게 메시지를 보낸다. 그러자 마리아는 즉시 일어난다. 그리고 마리아와 함께한 자들은 그녀가 무덤에서 울 것으로 생각한다(요 11:31). 마리아는 언니와 다르게 예수께로 나아가 "그 발 앞에 엎드린다"(요 11:32, 이는 누가복음에서 마리아가 예수의 발치에 앉아 있었던 것을 떠올리게 한다). 예수께서는 마리아가 우는 것을 보시지만(요 11:33), 마르다가 울었다는 기록은 없다. 예수께서는 무덤에 도착하신 후에 슬피 우시며 돌을 옮겨놓으라고 명령하신다. 이 부분에서 마르다는 "주여 죽은 지가 나흘이 되었으매 벌써 냄새가 나나이다"라고 말한다(요 11:39). 이런 지극히 현실적인 관심사 때문에 마르다는 예수께서 나사로를 죽은 자 가운데서 살리시려는 것을 이해하지 못한다.

　여기서 우리가 알게 되는 것은 이것이다. 한 저자가 다른 저자를 베꼈다고 결론지을 분명한 이유가 없음에도 불구하고 두 내러티브는 두 인물을 서로 일치된 방식으로 제시한다는 것이다. 물리적으로 마리아가 앉아 있고 자기 자신을 예수의 발치에 위치시킨다는 점에서 그러하고 두 기사에 모두 나오는 마리아의 실제적인 관심사에 있어서도 그러하다. 또한 두 이야기에서 마르다는 매우 활동적이다. 이에 대한 가장 쉬운 해석은 누가와 요한이 모두 참된 인물을 묘사하고 있다는 것이다. 이 해석 모델은 단순한 방식으로 많은 것을 설명한다. 다른 시나리오도 가능하겠지만 상황을 그렇게 단순하게 설명해내지는 못할 것이다.

두 형제

　　다음으로 마가복음과 누가복음에 기록된 두 형제에 대한 우연의 일치를 간단히 살펴보도록 하자. 마가는 예수의 열두 제자의 이름을 말하면서 예수께서 형제인 야고보와 요한에게 "우레의 아들"이라는 별명을 붙여주셨다고 전한다(막 3:17). 마가복음에는 예수께서 이 일을 하신 이유가 무엇인지에 대해서 그 어떤 이유도 언급되지 않는다. 마찬가지로 마태와 요한도 관련된 어떤 것도 언급하지 않는다. 그러나 누가는 다음과 같이 기록한다.

> 51 예수께서 승천하실 기약이 차가매 예루살렘을 향하여 올라가기로 굳게 결심하시고 52 사자들을 앞서 보내시매 그들이 가서 예수를 위하여 준비하려고 사마리아인의 한 마을에 들어갔더니 53 예수께서 예루살렘을 향하여 가시기 때문에 그들이 받아들이지 아니 하는지라. 54 제자 야고보와 요한이 이를 보고 이르되 **"주여 우리가 불을 명하여 하늘로부터 내려 저들을 멸하라 하기를 원하시나이까?"** 55 예수께서 돌아보시며 꾸짖으시고. (눅 9:51-55)

그러므로 마가복음에서 "우레의 아들"이라고 불리는 형제들은 누가복음에서 하늘로부터 불을 내리기를 원하는 것으로 기록되어 있다. 마가와 누가의 보도는 서로 잘 들어맞는다. 하나는 기질에 근거한 이름을 기록하고 다른 하나는 이름에 잘 들어맞는 기질을 보도하기 때문이다.

우리가 살펴본 것처럼 두 형제에 대한 본문은 누가복음 9장에 있고 두 자매에 대한 본문은 누가복음 10장에 있다. 누가복음 9장은 마가복음과 연결되고 누가복음 10장은 요한복음과 연결된다. 누가복음에 나오는 두 기사는 인물의 기질과 관련 있으며 다른 본문에서 확증되는 방식으로 인물들을 제시한다.

물론 누군가 이것을 다르게 설명하여 누가가 마가복음에 나오는 "우레의 아들"을 읽고 난 후에 그것에 근거해서 이야기를 만들어냈다고 생각할 수도 있다. 그렇더라도 누가가 주변의 여러 길 중 여행로를 알고 있었다는 것과 유대인들이 사마리아를 통과하려 할 때 경험하게 되는 긴장 상태를 인식하고 있었다는 것을 설명해내지 못한다. 비록 누가가 마가복음에 근거해서 누가복음 9장에 나오는 내러티브를 만들어냈다고 해도 이것으로 누가복음 10장과 요한복음의 관계를 설명해낼 수는 없다.

맥그루가 제시하는 '의도하지 않은 우연의 일치' 목록을 보면 공관복음이 요한복음을 9번 설명하고, 요한복음이 공관복음을 6번 설명하며, 공관복음이 서로를 4번 설명한다.[4] 이 외에도 다른 의도하지 않은 우연의 일치들이 있다.[5] 각각의 우연의 일치를 별로 중요하지 않게 생각할 수도 있지만, 각각의 우연의 일치에 새로운 설명이 더해지면 복잡해질 뿐이다. 우리가 진정성 있는 기록을 다루고 있다고 단순하게 가정할 때 본문에 나타나는 현상은 한번에 설명이 된다.

나는 의도하지 않은 우연의 일치에 대한 이 주장이 본문을 잘 알지 못하고 단지 몇 가지의 예만 살펴볼 때는 사람들에게 별로 와닿지 않으리라 생각한다. 하지만 이것은 단순한 전제를 토대로 근거들이 축적되어 나온 주장이다. 그러므로 더 많은 예들이 고려될 때 대안적인 설명의 복잡성은 명백해질 것이다.

---

4. McGrew, *Hidden in Plain View*, 62, 82, 97.

5. McGrew, *Hidden in Plain View*, 130.

물고기 두 마리

이제 우리는 예수께서 떡 다섯 개와 물고기 두 마리로 남자 오천 명과 그들과 함께한 여자와 아이들을 먹이신 기적 이야기를 살펴보려고 한다. 이 이야기는 사실 예수의 부활을 제외하고 모든 복음서에 나오는 유일한 기적이다.

마가와 요한은 둘 다 기적 사건의 배경으로 잔디를 언급한다. 마가는 "푸른 잔디"가 있었다고 말하고(막 6:39), 요한은 "잔디가 많은지라"라고 기록한다(요 6:10). 두 저자는 이 점을 중요하게 다루지 않는다. 혹자는 이것이 이야기를 진짜처럼 보이게 하려고 끼워 넣은 세부 내용일지도 모른다고 생각할 수 있다. 마가는 예수께서 군중들을 피하려고 외딴곳으로 가셨다고 설명한다. "이르시되 '너희는 따로 한적한 곳에 가서 잠깐 쉬어라' 하시니 이는 오고 가는 사람이 많아 음식 먹을 겨를도 없음이라"(막 6:31). 물론 여기에는 예수께서 배를 타고 한적한 곳으로 가시는 것도 포함된다. 마가는 많은 사람들이 주변을 돌아다니고 있었다는 것 말고는 다른 어떤 추가적인 언급을 하지 않는다. 요한, 아니 오직 요한만이, 기적이 일어나던 때에 유월절이 다가오고 있었다고 기록한다(요 6:4). 유월절은 일 년 중 가장 큰 유대 절기다. 이때는 엄청나게 많은 순례자들이 유월절을 지키기 위해 예루살렘으로 여행한다. 요한은 무리가 여행하는 것과 관련해서 어떤 것도 기록하지 않지만, 요한복음에 나오는 유월절에 대한 언급은 상당수의 사람들이 여행하고 있다는 마가복음의 세부 내용을 정확히 설명해준다. 마가복음에서 예수께서 장소를 이동하셨다는 사실은 단지 몇 시간 동안 통행량이 증가했다는 것을 나타내는 것이 아니라, 보통 절기 때만 일어났던 사람들의 이동이 장기간 증가했음을 보여준다. 그러므로 이것은 마가복음과 요한복음 사이에 나타난 의도하지 않은 우연의 일치이다. 요한복음은 마가복음에 나오는 퍼즐을 설명해주지만, 거의 모든 학자들의 의견에 따르면 마가복음이 먼저 기록됐다.

요한은 유월절을 언급한 직후에, 다음과 같이 기록한다.

> 5 예수께서 눈을 들어 큰 무리가 자기에게로 오는 것을 보시고 빌립에게 이르시되 "우리가 어디서 떡을 사서 이 사람들을 먹이겠느냐?" 하시니 6 이렇게 말씀하심은 친히 어떻게 하실지를 아시고 빌립을 시험하고자 하심이라 7 빌립이 대답하되 "각 사람으로 조금씩 받게 할지라도 이백 데나리온의 떡이 부족하리이다." 8 제자 중 하나 곧 시몬 베드로의 형

제 안드레가 예수께 여짜오되 **9** "여기 한 아이가 있어 보리

떡 다섯 개와 물고기 두 마리를 가지고 있나이다. 그러나 그

것이 이 많은 사람에게 얼마나 되겠사옵나이까?" (요 6:5-9)

요한은 왜 예수께서 이 문제로 빌립을 선택하셨는지를 설명

하지 않고, 왜 안드레가 대답했는지도 설명하지 않는다. 그

러나 일찍이 요한은 "빌립은 안드레와 베드로와 한 동네 **벳**

새다 사람이라"라고 말했다(요 1:44; 또한 요 12:21을 보라). 요한은

이 정보를 중요하게 생각하지 않지만, 누가복음 9:10의 관점

에서 볼 때 모든 것이 이해된다. 거기 보면, 누가는 기적이 일

어난 장소로 **벳새다** 근처를 가리키고 있다. 이러한 정보는

우리가 요한복음을 읽는 방식에 영향을 준다. 만약 우리가

요한복음만 읽는다면, 왜 예수께서 다른 제자들을 놔두고 빌

립에게 물으셨는지, 그리고 왜 빌립과 안드레가 예수께서 제

시하신 문제에 답하는 것에 관여했는지에 대한 특정한 이유

를 알지 못한다. 그러나 누가복음이 주는 정보에 연결되면

전체 그림이 설명된다. 예수께서는 지역에 대한 지식을 가지

고 있는 사람에게 의지하신 것이고, 그 사람과 지역에 대한

지식을 가지고 있는 또 다른 한 사람이 대답하는 데 개입된

것이다.

그래서 요한복음은 마가복음에서 여행하고 있는 많은 사람을 설명해주고, 누가복음은 요한복음의 대화를 설명해준다. 심지어 한 아이가 보리떡을 가지고 있다는 요한복음의 작은 세부 사항조차도(요 6:9) 유월절이 가까워지는 것과 멋지게 조화된다. 왜냐하면 유월절은 보리 추수가 끝난 직후였기 때문이다.

그러나 우리는 잔디와 관련해서 마가복음과 요한복음에 나오는 첫 세부 사항으로 돌아갈 필요가 있다. 정말로 많은 잔디가 있었을까? 그리고 그것이 푸른색이었을까? 〈표 4.1〉은 근처 디베랴 도시의 강수량에 대한 기록이다.[6]

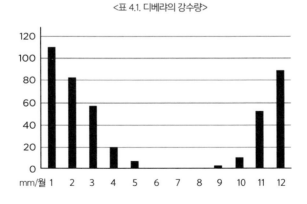

<표 4.1. 디베랴의 강수량>

---

6. 2018년 3월 14일에 https://en.climate-data.org/location/28706/에 접속하여 얻은 데이터다.

　　주후 26년과 36년 사이에 유월절이 지켜졌을 가능성이 있는 시기는 3월 말에서 4월 말 사이였다. 그래서 만약 이 사건이 기록에서 말한 시기에 정말로 일어났다면, 우리는 실제로 다섯 달 동안 가장 비가 많이 내린 후에 잔디가 푸르게 됐을 것을 예상해야 한다.

　　그러나 우리는 의도하지 않은 우연의 일치 중에 어떤 것도 그 기적을 직접적으로 언급하지 않는다는 사실에 주목해야 한다. 그래서 배경이 사실이었지만 기적은 그렇지 않다고 주장하려는 사람이 있을 수 있다. 누군가는 이야기가 한 사람에게서 다른 사람에게로 전해지고 과장되면서 기적 이야기가 들어간 것이라고 주장할 수 있다. 그러나 이 이야기의 핵심 부분인 기적을 경솔한 과장으로 여기는 것에는 문제점이 있다. 그것은 의도하지 않은 우연의 일치 속에 별로 중요하지 않은 세부 내용이 신중하게 전달되어 있다는 것이다. 만약 이야기의 주요 요소를 주의 깊게 전달했다면 별로 중요하지 않은 요소들이 잘 전달되는 것을 기대하기는 어렵다. 그러므로 기적 이야기가 경솔한 과장을 통해 나타난 것이라고 보는 견해가 성립하려면 전체 이야기에서 **정보를 선택적으로 변질시키는** 비현실적인 과정이 포함되어야 한다. 이러한 견해는 우리가 가진 현재 형태의 본문을 설명해내기 어렵다.

두 아내

내가 언급하고자 하는 마지막 우연의 일치는 다른 종류의 것이다. 즉, 유대 역사가 요세푸스와 공관복음 사이의 일치다. 우리는 먼저 요세푸스를 살펴보려고 한다. 그는 주후 36년쯤에 헤롯 안티파스의 군대가 이웃 나라 나바테아의 왕 아레타스 4세(Aretas IV)에 의해 패배한 것을 유대인들이 대체로 어떻게 바라보는지에 관해 설명했다.

그러나 일부 유대인들에게 헤롯 군대가 파멸된 것은 분명 헤롯이 세례 요한에게 행한 짓에 대한 신의 복수이자 정당한 보복으로 간주됐다. 이는 세례 요한이 선한 사람으로서 유대인들이 의로운 삶을 살도록 이끌고 이웃에게 정의를 행하고 하나님 앞에 경건한 삶을 살게 하며 그렇게 함으로써 세례에 참여하라고 권했음에도 불구하고 헤롯이 그를 죽였기 때문이다. 세례 요한이 볼 때 세례가 하나님께서 받으실 만한 것이 되려면 이러한 예비 행위가 필요했다. 유대인들은 그들이 지은 죄에 대한 용서를 얻기 위해서 세례를 사용해서는 안 된다. 세례는 의로운 행동으로 영혼이 이미 완전히 깨끗하게 되었음을 의미하는 몸의 정화[의식]이다.

다른 사람들도 요한의 설교로 인해 최고조로 각성되어 그
주변으로 모여들자 헤롯은 깜짝 놀랐다. 사람들에게 너무
나도 큰 영향을 끼쳤던 유창한 설교로 인해, 어떤 형태의
폭동이라도 일어날 것 같았다. 왜냐하면 그들은 행하는 모
든 것에 있어서 요한에게 지도받는 것처럼 보였기 때문이
다. 그래서 헤롯은 요한의 사역이 폭동을 일으키기 전에 먼
저 선수를 쳐서 그를 제거하기로 결심했다. 그게 격변이 일
어나는 것을 가만히 기다리다가 어려운 상황에 휘말려서
자신의 실수를 보게 되는 것보다 더 나았다. 헤롯의 의심
때문에 요한은 마케루스(Machaerus)라는 우리가 이전에 언
급했던 요새에 갇혀서 그곳에서 죽임당했지만, 유대인들은
헤롯의 군대에 파멸이 임한 것이 요한에 대한 신원이라고
판단했다. 하나님께서는 헤롯에게 그런 일격을 가하시는
것이 적절하다고 생각하셨던 것이다.[7]

세례 요한에 대한 이 기록에는 복음서와 공통된 많은 요
소들이 있다. 세례 요한이 많은 군중에게 설교했다는 부분,[8]

---

7. Josephus, *Antiquities* 18.116-19, Loeb Classical Library 433 (Camb-
    ridge, MA: Harvard University Press, 1965), 81-85.
8. 마 3:5; 막 1:5; 눅 3:7.

그가 사람과 사람 사이의 정의를 강조했다는 점,[9] 세례에 앞
서서 행동의 변화가 필요함을 강조한 부분,[10] 그리고 헤롯에
의해서 투옥되고 처형된 내용이 공통적으로 나타난다. 그러
나 요세푸스의 기록에는 이상한 부분이 있다. 그것은 바로
사람들이 무슨 이유로 세례 요한의 죽음을 헤롯 군대의 파멸
과 구체적으로 연결시키는지에 대한 설명이 없다는 것이다.
이것은 우리가 복음서와 요세푸스의 정보를 합칠 때만 해명
될 수 있다.

요세푸스는 헤롯 안티파스와 아레타스 사이에 있었던 투
쟁의 원인이 안티파스가 아레타스의 딸인 파사엘리스
(Phasaelis)와 결혼하여 오랜 생활을 한 후에, 안티파스의 이복
동생의 아내인 헤로디아를 위해 그녀와 이혼했기 때문이라
고 우리에게 말해준다.[11]

복음서는 우리에게 세례 요한이 공개적으로 헤롯의 새
결혼을 반대했고(마 14:4; 막 6:18; 눅 3:19) 이것이 세례 요한의
체포 원인이 됐다고 말해준다. 우리가 복음서의 정보를 전제
할 때 요세푸스의 내용이 더 잘 이해가 된다. 즉, 유대인들이

---

9.   눅 3:10–14.

10.   마 3:2; 막 1:15.

11.   Josephus, *Antiquities* 18.110–15.

헤롯 군대의 파멸과 세례 요한의 처형을 연결한 것은 요한의 처형이 투쟁의 근본 원인인 새 결혼을 공개적으로 반대했기 때문이라는 것이다. 가장 단순한 설명은 우리가 서로 보완하는 사실 이야기를 가지고 있고, 각각의 이야기는 전체 사건의 일부를 기록하고 있다는 것이다.

제5장
우리는 예수의 실제 말씀을
가지고 있는가?

    분명 우리는 책을 쓰지 않은 다른 어떤 고대 인물의 말보다 예수께서 말씀하신 것을 더 많이 알고 있다. 고대 작가들은 종종 우리에게 투키디데스(Thucydides)의 (『펠로폰네소스 전쟁사』에 나오는) 페리클레스(Pericles)의 '추도 연설'이나 요세푸스의 (『유대전쟁사』에 나오는) 엘레아자르(Eleazar)의 자살 전 연설과 같이 단 하나의 자료를 제공한다.[1] 우리는 때로 누군가 말한 것에 대한 하나 이상의 자료를 가지게 되는 행운을 얻기도 한다. 예를 들면, 소크라테스에 대해서 우리는 플라톤(Plato)

---

1.   Thucydides, *Peloponnesian War* 2.35–46 [= 『펠로폰네소스 전쟁사』, 숲, 2011]; Josephus, *Jewish War* 7.323–36, 341–88.

과 크세노폰(Xenophon)이라는 두 가지 주요 자료를 가지고 있고, 학자들은 소크라테스(Socrates, 주전 399년 사망)의 저작이라고 하는 것 중에 얼마나 많은 부분이 그가 실제로 했던 말인지에 대해 논쟁하고 있다. 그러나 예수의 경우에 복음서는 우리에게 수많은 대화 장면뿐만 아니라 다양한 분량의 연설과 말씀의 멋진 조합을 제공한다. 네 권의 복음서가 모두 광범위하게, 그리고 다양하고 복잡한 연관성 속에서 담화를 보도하기 때문에, 예수 담화에 대한 (다양한) 보도들은 진정성을 나타내는 표지로 검토될 수 있다.

복음서에서 대부분의 예수 활동은 갈릴리나 예루살렘을 배경으로 이루어졌고, 예수께서 유대와 그 위치가 완전히 분명하지 않은 장소에서 몇 번 머무셨던 것도 복음서에 기록되어 있다. 또한 예수께서는 사마리아(요 4:4), 베레아(마 19:1: '베레아'라는 지명이 등장하지는 않지만 통상 그렇게 추정된다—편주), 두로와 시돈 근처(막 7:24)를 방문하셨다고 보도되기도 한다. 이번 장은 복음서에 나오는 예수 말씀에 대한 보도를 우리가 신뢰할 수 있는 다양한 이유가 있다고 주장할 것이다. 그러나 그 이유를 살펴보기 전에, 우리는 먼저 신뢰할 수 있는 보도가 무엇인지 정의를 내려야 한다.

인용과 기억

오늘날 우리는 인용된 말을 구분하기 위해 인용 부호(따옴표)를 사용한다. 담화를 가리키기 위해 특별한 부호를 사용하는 것은 적어도 주전 2000년의 히타이트 시대만큼이나 오래된 것이지만 우리가 사용하는 현대의 인용 부호는 16세기에 기원한 상당히 최근 것이다.[2] 그러나 이 인용 부호는 우리가 인용에 대해서 생각하는 방식을 변화시켰다. 인용 부호는 담화의 시작과 끝에 표시되고, 그렇게 함으로써 인용 부호가 발명되기 전에는 존재하지 않았던 다음과 같은 두 가지 규칙을 진실한 보도의 기준에 집어넣는다. (1) 어떤 단어도 표시(예, 생략 부호) 없이 생략되지 말아야 한다. (2) 어떤 단어도 표시(예, 괄호) 없이 더해지거나 수정되거나 대체되지 말아야 한다. 우리는 복음서가 기록될 때 이러한 규칙들이 존재하지 않았다는 것을 기억해야 한다. 이것은 우리가 이 두 가지 규칙이 전혀 고려사항이 아니었던 시대로 되돌아갈 필요가 있다는 것을 의미한다.

---

2.   Keith Houston, *Shady Characters: The Secret Life of Punctuation, Symbols and Other Typographical Marks* (London: Norton, 2013), 197–200.

나는 이것이 **제한된 인용**(bounded quotations)의 문제라고 생각한다. 이는 고대 세계에 살던 사람들이 정확한 인용에 대한 개념이 없었고 문자 그대로 인용할 수 없었기 때문이 아니다. 오늘날 우리가 인용하는 방식과 전혀 다르지 않은 정확한 인용에 대한 충분한 증거가 있다. 그러나 우리는 현대 관습이 진실한 보도에 더 제약을 가하고 있다는 사실을 인정하기 위해 그리 오래 생각할 필요가 없다. 왜냐하면 우리 문화에서 우리가 느끼는 필요는 연속되는 전체 내용을 문자 그대로 옮기거나(이 경우에 연속되는 전체 내용은 인용 부호 안에 있어야 한다), 표절 혐의를 피하려고 정확히 같은 단어를 사용하지 **않고** 다른 말로 표현하는 것이기 때문이다. 실제적인 측면에서 볼 때, 이것은 우리가 직접 화법으로 보도하는 것("그녀는 '나는 정말 예뻐'라고 말했다")과 간접 화법으로 보도하는 것("그녀는 자신이 예쁘다고 말했다") 사이를 엄격하게 구분한다는 것을 의미한다. 우리가 제한된 인용 표시에 얽매이는 것은 주로 우리가 글 쓰는 관습을 벗어나 생각할 수 없기 때문에 발생하는 것인데, 우리가 고대의 담화 보도의 진정성을 평가하고자 할 때는 이것을 잠시 제쳐놓을 필요가 있다.

고대에는 진실하고 책임감 있게 인용할 때 경계 표지(인용 표지)에 대한 현대의 규칙을 준수할 필요가 없었다. 고대의 인용은 전형적으로 담화를 도입하는 동사나 불변화사 (particle)와 함께 나타났다. 그리고 문자 그대로 인용한 것이라고 명시적으로 주장하지 않는 한, 고대 문화에서 진실한 인용은 오늘날 우리에게는 허용되지 않는 특별한 자유를 부여받았다는 사실을 유념하며 읽혀야 한다.

이것은 진실한 인용이 그저 무엇이든지 포함할 수 있다는 것을 의미하는 것이 아니다. 유대교에서 우리는 랍비들이 말했던 것을 암기하는 데 상당한 관심이 있었음을 보게 된다. 사실, 대략 주후 첫 2세기 기간은 유대교에서 탄나임 시대(the tannaitic period)로 알려져 있다. 이는 '탄나'(tanna)의 복수 형태인 '탄나임'(tannaim)을 따서 지은 이름이고, 구전 율법을 암기하고 가르쳤던 자를 의미한다. 랍비들은 암기를 너무나도 신뢰해서 일부 랍비들은 심지어 구술 전승을 글로 옮기는 것을 금지하기까지 했다.[3] 비록 후대에 기록된 모든 유대교 전승이 주후 70년 이전의 정보를 보존하고 있다고 확신할 수 없지만, 학자들은 미쉬나(3세기 초), 예루살렘 탈무드(5세기 초), 바빌로니아 탈무드(6세기 초), 마소라 본문(7-10세기)이 1세기의 정보를 보존하고 있다는 것에 의견 일치를 이루고 있다.

3.　바빌로니아 탈무드 *Temurah* 14b.

네 복음서가 모두 예수를, 학생(제자)을 가진 정식 선생으로 제시한다는 점을 고려할 때, 예수의 가르침이 보존되었을 가능성이 커진다. 내 계산에 의하면 복음서에는 예수의 제자(들)로서의 개인이나 집단에 대한 언급이 195번이나 나온다. 그중 45번은 예수께서 가르치신다고 하고, 40번은 교사로 언급되며, 12번은 랍비로 불린다. 보통 유대교 어휘 사용을 피하는 누가만이 '랍비'라는 말을 사용하지 않는다. 만약 예수께서 정말로 교사이자 랍비이고 열두 명의 특별한 제자를 가지고 있었다면, 그리고 이 용어들이 당시의 일반적인 의미로 사용되었다면 제자들이 하는 한 가지 중요한 일이란 선생이 했던 구체적인 말을 암기하는 것이었음을 기대할 수 있다.

대다수의 예수의 말씀 내용은 날조됐다기보다 전수되었을 가능성이 더 높아 보인다. 예수께서는 종종 초기 기독교인들이 받아들이기 어려운 말씀을 하셨다. 마태복음에서 예수께서는 자신을 따르는 자들을 "악하다"고 하셨고(마 7:11), 이방인을 "개"라고 하셨으며(마 15:26), 제자들에게 그들의 적인 바리새인들이 말하는 모든 것을 행하라고 하셨고(마 23:3), 죽으실 때는 하나님께 왜 자신을 버리셨냐고 물으셨다(마 27:46). 마찬가지로 다른 복음서에도 당황스러운 내용이 있

다. 게다가 예수께서는 사람들이 그분으로 하여금 말씀해주
시기 기대하는 바, 곧 나중에 올 자들(이방인들)에 대한 지침을
정확하게 제시해 주지 않으셨다. 예수께서는 교회에서 비유
대인들을 어떻게 해야 하는지, 할례를 어떻게 해야 하는지,
또는 교회 모임을 어떻게 운영해야 하는지에 대해서 그 어떤
분명한 지침도 남기지 않으셨다. 이러한 생략은 예수 말씀이
정말로 유대인 랍비에게서 나온 것이라고 가정할 때 우리가
예상할 수 있는 바다.

황금률과 천재 예수

예수께서 무언가를 (실제로) 말씀하셨는지 여부를 고려할
때, 여러 사람이 기발한 생각을 해냈고 모두가 그 생각을 독
립적으로 같은 스승에게 돌렸다고 가정하는 것보다 한 명의
천재가 놀라운 가르침을 전해주었다고 가정하는 것이 더 간
단하다는 것을 유념해야 한다.

이 원리의 한 가지 예로서, 우리는 소위 황금률이라 불리
는 것을 고려해볼 수 있다. 예수께서는 "그러므로 무엇이든
지 남에게 대접을 받고자 하는 대로 너희도 남을 대접하라

이것이 율법이요 선지자니라"라고 가르치셨다(마 7:12). 누가복음 6:31에 나오는 평행본문에는 "남에게 대접을 받고자 하는 대로 너희도 남을 대접하라"라고 기록되어 있다. 이것은 가장 위대한 윤리 원칙으로 널리 간주되는 긍정 황금률을 역사상 가장 처음으로 표현한 것이 틀림없다. 부정 황금률─다른 사람들에게 그들이 당신에게 하기를 원하지 않는 것을 하지 말라─이나 자기 이익을 위한 긍정 황금률─다른 사람을 돕는 것이 자기에게 이익이 되는 최고의 방법이다─과 같은 좀 더 이른 시기의 진술도 있다. 고대 언어의 다양성과 다양한 번역 가능성을 고려해볼 때 황금률의 역사는 결코 단순하지 않다.[4] 그러나 무엇보다도 황금률의 가장 명백하고 이타적인 형태는 예수의 것으로 보인다. 예수께서 이런 놀라운 도덕론을 처음으로 생각해 낸 천재라는 견해는, 마태, 누가, 또는 마태와 누가가 활용한 알려지지 않은 제3의 당사자가

---

4. 무엇보다도 황금률의 부정판(negative version)은 예수보다 5세기 앞선 공자와 예수보다 한 세대 앞선 유대교 교사 힐렐에 의해 만들어졌다. 아마도 예수보다 몇 세기 앞선 것으로 추정되는 인도 대서사시인 『마하바라타』(Mahabharata)는 다음과 같은 긍정적인 표현을 보여주었다. "자신에게 행하는 것처럼 모든 피조물에도 동일하게 행해야 한다." 이는 Shanti Parva 167에 나오는 표현이고, 2018년 3월 14일에, https://mahabharataonline.com/translation/mahabharata_12a166. php에 접속하여 가져온 것이다.

그런 도덕론을 만들어냈다고 가정함으로써 수많은 천재들을 양산해내는 견해보다 훨씬 더 깔끔하다. 이러한 유형의 주장은 복음서에 나타나는 예수 가르침의 양상을 더 많이 살펴보면 점점 더 분명해진다.

비유

복음서에 나오는 비유의 정확한 수와 관련해서는 학자들 사이에 일치된 바가 없다. 그러나 공관복음에는 40개가 넘는 비유가 있는 반면에 요한복음은 단 하나의 비유도 포함하고 있지 않은 것으로 여겨진다(요한복음에 은유나 상징이 없다는 뜻은 아니다—역주). 공관복음에 나오는 비유는, 마태와 누가 각각의 고유 자료, 마가복음, 마태와 누가의 공통 부분(즉, Q: 마태와 누가에는 있지만 마가에는 없는 자료—편주), 그리고 세 복음서의 공통 자료 가운데 나타난다. 이는 실제로 다른 어떤 고대 랍비보다 더 많은 비유가 예수의 것으로 상정되는 것과 같다.

예수께서 이 비유 중 대부분을 말씀하셨다는 것이 어째서 가장 깔끔한 가설인지와 관련된 세 가지 이유가 있다. (1) 유대 자료는 종종 비유의 출처를 랍비에게 돌리지만 구약이나 사해사본에는 비유가 거의 없다. 외경에도 비유는 전혀 나타나지 않고, 신약성서를 제외하고는 초기 기독교인들도 비유를 거의 사용하지 않았다.[5] 유대 문학 장르로서 비유는 구약 이후의 시기에 적합하지만 기독교 이전의 유대적인 분위기와 그렇게 잘 어울리지는 않는다. (2) 만약 우리가 예수께서 비유 중 어떤 것도 말씀하지 않으셨다고 이야기한다면 각각의 자료에 있는 비유를 설명하기 위해 그것을 만들어낸 적어도 세 사람을, 비유를 만든 자로 인정해야 한다. 이것은 비유가 초기 기독교 저자들이 사용하는 인기 있는 양식이 아님을 알게 될 때 문제가 된다. 만약 우리가 예수께서 비유 중 일부만을 말씀하셨고 다른 비유들은 제자들에 의해서 예수의 것으로 돌려진 것이라고 가정한다면, 우리는 기독교인들 사이에서 비유가 유행하지 않을 때도 갑자기 다양한 시기에 비유를 말하는 사람이 대거 등장했음을 받아들여야 한다. (3) 예수의 비유 중에 씨 뿌리는 자, 선한 사마리아인, 탕자와 같은 비유는 걸작으로 여겨지는 작품이다. 그래서 새로운 종교의 창시자가 이 비유 걸작들을 만들어낸 창조적인 천재였

---

5.   어느 정도 비유와 유사한 초기 기독교 글의 예로는, 주후 2세기의 것으로 추정되는 『헤르마스의 목자』(*Shepherd of Hermas* [=『목자』, 분도출판사, 2002])가 있다. 그러나 이는 길이와 장르에 있어서 복음서의 비유와 다르다.

다고 가정하는 것이, 나중에 나온 몇몇 창조적인 천재들이 위대한 작품을 자신들보다 창조적이지 못한 창시자의 것으로 돌린 것이라고 가정하는 것보다 훨씬 더 단순하다.

또한 우리는 예수의 비유가 비유의 배경이 되는 시기와 어떻게 잘 들어맞는지에 대해서도 주목할 수 있다. 랍비 요하난 벤 자카이(Yohanan ben Zakkai)는 1세기 중엽에 종들을 연회에 초대하는 왕에 대한 비유를 말했다. 이 비유에 나오는 종들 중 일부는 지혜로웠고 또 다른 일부는 어리석었다. 그리고 이 중 후자는 연회에 적합한 의복을 입지 않아서 왕의 분노를 일으켰다.[6] 이 이야기의 핵심 요소는 예수께서 전하신 두 가지 다른 비유에서 발견된다(마 22:1-14; 25:1-13). 사실, 예수의 비유는 전통적으로 유대적인 주제들을 자주 포함했고, 예수께서는 이것들을 재배열하여 (때로는 놀라운) 자신만의 결론을 끌어내신다. 그러므로 이러한 모티프들은 교회가 시작되고 수십 년이 지나 이방인들이 교회에서 득세하게 되었을 때의 배경보다 예수 시대의 팔레스타인 유대교를 반영할 가능성이 더욱 크다.

---

6.   바빌로니아 탈무드 *Shabbat* 153a.

인자

우리는 이미 복음서가 흥미로운 이름 짓기 패턴을 보여 준다는 것을 살펴보았다. 그 패턴에서 복음서의 주인공은 내러티브 속에서 '예수'라는 이름으로 불리고 담화 속에서는 '명확하게 구분 지어주는 요소(disambiguator)를 가진 예수'로 불리는 경향이 있었다. 그런데 이 패턴에 세 번째 단계가 있다. 그것은 바로 예수의 자기 칭호인 **인자**(Son of Man)이다. 이 칭호는 예수께서 선호하신 이름이고 네 권의 복음서 모두와 다섯 개의 주요 자료(마태에만 나오는 자료,[7] 누가에만 나오는 자료,[8] 마태와 누가가 겹치는 부분,[9] 마태, 마가, 누가에 모두 나오는 자료,[10] 요한복음에 나오는 자료[11])에 모두 나온다. 신약 시대 이후에 비유가 일반적이지 않았던 것처럼, 우리는 후기 기독교인들이 복음서를 인용할 때 말고는 예수를 언급하기 위해 '인자'라는 칭호를 자주 사용하지 않았다는 것을 알게 된다. 그러므로 예수를 '인자'라고 부르는 내용은 초기 자료에서 유래한 것임이

---

7. 예, 마 13:41.

8. 예, 눅 18:8.

9. 예, 마 8:20; 눅 9:58.

10. 예, 마 9:6; 막 2:10; 눅 5:24.

11. 예, 요 1:51.

가장 확실하다.

요한복음과 공관복음의 차이

우리는 이미 요한복음에서 예수께서 말씀하시는 방식과 공관복음에서 말씀하시는 방식이 상당히 다르다는 것을 살펴보았다. 요한복음에는 공관복음과 달리 확실한 비유가 없지만, '나는 …이다'라는 형식으로 공관복음에 없는 일련의 중요한 말씀들이 나온다. 여러 주제들도 매우 다른 빈도로 다루어지고 담화의 전체 양식도 같지 않아 보인다. 이것은 사람들이 요한복음과 공관복음의 묘사를 사실로 받아들일 수 없다는 생각을 유발할 수 있다.

그러나 어떤 자료들은 요한복음과 공관복음이 때때로 더 큰 공통 자료, 즉 공통의 기억 그 자체에 의존하고 있음을 보여준다. 예를 들면 다음과 같다.

1. 요한복음에는 예수께서 자신과 하나님의 관계를 아버지와 아들의 관계로 말하고 자신과 아버지의 친밀함을 '앎'(knowing)의 관계로 말하는 부분이 포함되어 있다(예, 요 10:15; 17:25). 비록 이러한 종류의 언어가 공관복음에서 발견되

지 않는다고 하더라도 요한이 통상 사용하는 다양한 주제들을 합쳐놓은 마태복음 11:25-27은 예외이다. 마태복음에 이런 자료가 나타나는 것은, 이것이 예수께서 실제로 말씀하신 방식일 때, 그리고 마가복음과 누가복음에 이 자료가 나타나지 않는 것이 예수께서 그런 언어를 사용하지 않았기 때문이라기보다는 선택적 제시의 문제라고 볼 때, 설명될 수 있다.

2. 앞서 지적한 바와 같이, 공관복음과 요한복음에서 예수께서는 자신을 '인자'라고 부르신다. 공관복음에 나오는 이 표현의 일부 배경이 구약의 다니엘 7:13-14이라는 것이 일반적으로 합의된 견해이다. 거기에는 '인자 같은' 이가 '구름을 타고' 보좌에 계신 하나님으로 묘사되는 분에게로 나아간다고 기록되어 있다. 그리고 **인자 같은** 이는 **권세**와 **통치**와 **영원한 나라**를 받는다. 우리가 공관복음에 나오는 '인자'와 관련된 말씀을 살펴보면 적어도 다니엘 7장의 두 가지 주제가 반복되고 있다는 것을 알게 된다. 그것은 바로 (구름을 타고) '오는 것'(예, 막 14:62)과 '권세'(예, 막 2:10, 28)이다. 벤자민 레이놀즈(Benjamin Reynolds)는 이와 같은 주제들이 요한복음의 일부 용례 이면에 더욱 미묘하게 존재한다는 것을 보여주었다.[12] 이는 공관복음과 요한복음 모두에 나오는 사건들 이면

---

12.   Benjamin E. Reynolds, *The Apocalyptic Son of Man in the Gospel of*

에 있는, 아마도 공통 화자(a common speaker) 형태로 되어 있는, 공통의 생각(a common mind)을 뒷받침한다.

　3. 마태복음과 요한복음은 부활에 대해 서로 다른 설명을 한다. 마태는 천사들이 무덤에서 돌을 굴렸고, 지키던 자들이 무서워 떨게 했으며, 여자들—이후에 (무덤을) 떠나서 예수를 만난—에게 말을 걸었다고 전한다. 요한은 막달라 마리아가 무덤에 간 것으로 전한다. 처음에 그녀는 혼자인 것으로 생각된다. 하지만 되돌아와서 다른 몇몇 사람들과 함께 예수의 시신이 어디에 있는지 모른다고 말한다. 그리고 두 제자가 무덤으로 달려간다. 마리아도 무덤으로 되돌아가서 두 천사를 본다. 그리고 마리아는 돌아서서 예수를 만나는데 처음에는 동산지기로 착각했다. 우리가 이 두 이야기를 전체 사건에 대한 핵심 요약(*précis*: 즉, 요약된 이야기 내지 축약된 정리)으로 볼 때, 특히 서로 다른 복음서 저자들이 다양한 여성 목격자들이 보도한 것을 기록했다는 가능성을 고려할 때, 서로 일치하지 않는다. 결국, 무덤에 있던 여성들은 완전히 일치되게 움직일 필요가 없다. 그러나 이러한 차이점에도 불구하고 마태와 요한은 여성 또는 여성들이 처음으로 예수를 만났다고 하는 부분에서는 갑자기 한 점으로 모여든다.

John (Tübingen: Mohr Siebeck, 2008), 225–26.

9 예수께서 그들을 만나 이르시되 "평안하냐!" 하시거늘. 여자들이 나아가 그 **발을 붙잡고** 경배하니 10 이에 예수께서 이르시되 "무서워하지 말라. 가서 **내 형제들에게** 갈릴리로 가라 하라 거기서 나를 보리라" 하시니라. (마 28:9-10)

예수께서 이르시되 "**나를 붙들지 말라.** 내가 아직 아버지께로 올라가지 아니하였노라 너는 **내 형제들에게** 가서 이르되 '내가 **내 아버지** 곧 **너희 아버지,** 내 하나님 곧 너희 하나님께로 올라간다' 하라" 하시니. (요 20:17)

마태와 요한은 둘 다 관계된 사람들이 예수를 붙잡았거나 붙잡으려고 한다고 묘사하고, 이후에 예수께서는 그들에게 가서 '내 형제들에게' 알리라고 지시하신다. 이것은 예수께서 평소 제자들을 부르는 호칭이 아니지만, 여기서는 제자들을 의미하는 것처럼 보인다. 요한복음에 나오는 예수의 이 담화는 그 용어를 사용한 이유를 설명해준다. 왜냐하면 예수와 제자들은 공통의 아버지, 바로 하나님을 공유하고 있기 때문이다.

부활 기사들이 주요 이야기—빈 무덤과 예수를 만나기

전에 천사들을 봤다는 점—에서 일치하고, 보통 내용에서는 차이가 있으며, 이와 같은 작은 세부 내용에서 일치한다는 사실은 문서에 직접 의존하거나 내러티브를 의도적으로 변조한 것이 아닌, 독립적인 보도에서 우리가 기대할 수 있는 일종의 패턴을 보여준다. 여기서 문헌의 증언은 담화가 두 명의 목격자에 의해서 독립적으로 보존되었음을 시사한다.

마태복음과 요한복음 사이의 또 다른 흥미로운 일치점에서 예수께서는 겟세마네 동산에서 가능하면 이 "잔"을 마시는 것을 피할 수 있기를 기도하시는데(마 26:39), 요한은 이 기도를 기록하고 있지 않다. 그러나 요한복음에 보면, 예수께서 동산에서 체포되실 때, "아버지께서 주신 잔을 내가 마시지 아니하겠느냐?"(요 18:11)라고 말씀하심으로써 체포 작전을 막아서려는 베드로의 개입을 저지하신다.[13] 예수께서 (고난의) 잔에[14] 대해 생각하고 계시다는 설명, 그래서 두 자료가 예수의 바로 그 말씀을 기록했다는 설명은 정말 아름다울 정도로 깔끔하다. 다른 어떤 설명도 복잡함만 증가시킬 뿐이다.

---

13. Lydia McGrew, *Hidden in Plain View: Undesigned Coincidences in the Gospels and Acts* (Chillicothe, OH: DeWard, 2017), 51-53을 보라.

14. 예를 들면, 마 20:22; 또는 렘 25:15은 심지어 하나님의 진노의 술잔을 말한다.

예수의 가르침이 아람어에서 번역되면서 변질됐을까?

많은 이론들이 예수의 가르침이 번역하는 중에 유실되었다는 견해에 근거하고 있다. 이에 대한 가능성을 고려하면서 균형감을 가지고 논의를 시작할 필요가 있다. 비록 번역이 원문과 완전히 일치할 수 없고 표현들이 잘못 번역될 수도 있지만, 오역은 정확한 번역보다 훨씬 드물게 나타난다. 그러므로 우리는 어떤 것이 올바르게 번역되었다는 견해에 초기 개연성을 부여하는 것과 동일하게 그것이 오역되었다는 견해에 같은 개연성을 부여하지 않는다.

예수의 언어적 지식과 관련된 논란이 있다. 예수께서 아람어로만 말씀하셨다고 보는 긴 역사가 있다. 실제로 마가복음은 예수께서 소녀(막 5:41, "달리다굼")와 귀 먹고 말 더듬는 자(막 7:34, "에바다")에게 아람어로 말씀하셨다고 기록한다. 그러나 팔레스타인이 아람어**만** 말하는 지역이었다는, 아직도 인기 있는 견해는 대체로 어떤 부정할 수 없는 역사적 증거보다는 허구적 감정(romance)에 근거한다. 알렉산드로스 대왕 시대(주전 356-323년) 이후로 그리스의 영향력과 언어는 그가 정복한 지역 전체에 퍼져있었고, 그래서 예수 시대에는 심지어 예루살렘의 유대교 통치 기구조차도 그리스어 이름인 '산

헤드린'(그리스어로 '쉰네드리온'[συνέδριον])으로 불렸다. 예수는
나사렛 출신이고, 이곳은 예수의 어린 시절 갈릴리의 수도였
던 세포리스(Sepphoris)에서 약 6.5km도 안 되는 곳에 있었다.
세포리스는 대체로 유대적인 도시였지만 로마의 원형 극장
을 가지고 있었고 외부의 영향을 상당히 많이 받은 곳이기도
했다.[15] 예수와 (적어도 법적으로는 예수의 아버지였던) 요셉은 목수
나 건설 노동자를 뜻하는 그리스어 표현인 '테크톤'(tektōn)으
로 묘사되었기 때문에,[16] 그들은 해당 지역의 주요 건설 계획
에 참여했을 것이고, 그리스 사람들과 (그리스어로) 소통했을
가능성이 크다. 사실 그들은 그리스어가 새겨진 동전을 다루
지 않고는 어떤 형태의 사업도 할 수 없었을 것이다. 게다가
당시 팔레스타인의 장례 관련 텍스트(예, 묘비석—편주)의 대부
분이 그리스어로 기록되어 있었다. 그러므로 예수께서 그리
스어를 사용하지 못하셨다는 견해는 반론에 무방비로 노출
되어 있다.

---

15. C. Thomas McCollough, "City and Village in Lower Galilee: The
Import of the Archeological Excavations at Sepphoris and Khirbet
Qana (Cana) for Framing the Economic Context of Jesus," in *The
Galilean Economy in the Time of Jesus*, ed. David A. Fiensy and Ralph
K. Hawkins (Atlanta: SBL, 2013), 52.

16. 마 13:55; 막 6:3.

실제로 예수 말씀은 때때로 그리스어 언어유희(word play)를 보여준다. 마태복음 5-7장은 산상수훈으로 알려진 예수의 가장 유명한 설교를 기록한다. 이 설교는 마태복음 5:3-11에 나오는 팔복(축복의 말씀)으로 시작한다. 처음에 나오는 네 개의 축복은 그리스 문자 '피'(π)의 두운(alliteration: 특정 자음 소리가 연속적으로 발생하는 문학적 기법—편주)으로 시작하고, '심령이 가난한',[17] '의에 주리고 목마른',[18] '마음이 청결한',[19] '의를 위하여 박해를 받은'[20]과 같은 유명한 표현들은 모두 두운과 모음운(assonance: 동일 모음의 반복—편주)을 포함하는데, 이는 마태가 예수께서 그리스어로 가르치시는 모습을 암시하는 것처럼 보인다.

누가복음은 같은 설교로 보이는 것을 다르게 기록한다. 누가복음의 설교는 (팔복이 아닌) 네 가지 복과 네 가지 화(woes)를 말한다(눅 6:20-26). 마태복음에는 화가 나오지 않기

---

17. "가난한"이라는 뜻의 '프토코이'(*ptōchoi*)와 "영"이라는 뜻의 '프뉴마'(*pneuma*)에서 '피'(π)로 시작하는 자음군.

18. "목마르다"라는 뜻의 '디프소'(*dipsō*)와 "의"라는 뜻의 '디카이오쉬네'(*dikaiosunē*)에 있는 문자 '델타'(δ)와 '이오타'(ι).

19. "청결한"이라는 의미의 '카타로스'(*katharos*)와 "마음"이라는 뜻의 '카르디아'(*kardia*)에 있는 문자 '카파'(κ)와 '알파'(α).

20. "박해하다"라는 뜻의 '디오코'(*diōkō*)와 "의"라는 뜻의 '디카이오쉬네'(*dikaiosunē*)에 있는 문자 '델타'(δ)와 '이오타'(ι).

때문에 누가가 화에 대한 내용을 마태에서 가져오지 않은 것이 확실하다. 마찬가지로 마태가 **여덟 가지** 복 모두를 누가복음의 **네 가지** 복에서 가져오지 않은 것도 명백하다. 정확히 말하면, 이러한 증거는 마태와 누가가 마태복음이나 누가복음에 나오는 것보다 더 긴 초기 자료에 의존했다는 것을 보여준다.

이는 누가복음의 평행본문에 나오는 첫 번째 두 복에 해당하는 단어가 '피'(π)로 시작하는 반면에(눅 6:20-21), 누가복음의 네 가지 화 모두에 '피'(π)와 '프'(p) 소리의 두운이 나온다는 사실에서 확인할 수 있다(눅 6:24-26). 이는 마태와 누가가 그들 중 하나가 보여주는 것보다 많은 두운을 포함하고 있던 더 긴 자료를 이용했다는 것을 보여준다. 물론 이 자료는 원래의 설교일 수 있다.

예수께서 산상설교를 그리스어로 말씀하셨다는 견해는, 물론 이 사건이 기록된 대로 정말로 일어났다면 적절했을 것이다. 왜냐하면 마태에 따르면 예수께서 말씀하시는 것을 들었던 무리 중에는 갈릴리, 예루살렘, 유대 출신뿐만 아니라, 요단강 건너편과 데가볼리—**그리스** 문화로 특징지어지는 열 개 혹은 그 이상의 도시 집합—에서 온 사람들도 있었기 때문이다(마 4:25).

또 이 두운은 암기를 하도록 고안된 자료라는 것을 나타내기도 한다.

나는 이것이 예수께서 언제나 또는 대부분 그리스어로 가르치셨다는 것을 나타낸다고 말하는 것이 아니다. 여러 언어를 사용하는 환경에서 언어 장벽에도 불구하고 복잡한 의사소통이 일어났을 것이다. 예수의 제자 중 둘—안드레와 빌립—은 그리스식 이름이었다. 그들은 요한복음 12:20-22에서 예수를 만나기 원하는 몇몇 그리스 사람들의 중개인으로 소개된다. 예수께서는 그리스어로 가르치셨을 수도 있고, 말씀하시는 동시에 그리스어로 통역됐을 수도 있다. 아니면 자신이 하신 말씀이 그리스어로 번역되는 것을 허락하셨을 수도 있다. 정말 다양한 가능성이 있다.

또한 그리스어와 아람어가 완전히 다른 언어이기는 하지만, 대다수의 사람들은 이 두 언어를 사용하는 사람들과 팔레스타인에서 장기간 접촉함으로써 서로의 언어를 어느 정도 이해했을 것이기에 서로 간에 오래 지속되고 반복된 오해는 비교적 드물었을 것이다. 언어 접촉으로 인해, 그리스어로 유대 청중에게 말하는 유대인은 산상수훈에 나오는 마태복음 5:22(*raka*)과 6:24(*mamōna*)에 기록된 대로 아람어 단어를 명확하게 사용할 수 있었을 것이다. 게다가 예수 시대에 많은 그리스어 단어들은 아람어로 차용됐다. 예수께서 탕자 비유를 본래 아람어로 말씀하셨더라도 우리가 가진 그리스어 판본에 나오는 어휘 중 일부를 사용하지 못했을 이유가 없다. 예를 들면, 음악을 뜻하는 그리스어 단어인 '쉼포니아'(symphōnia, 눅 15:25)처럼 말이다. 이 단어는 당시에 아람어로 차용된 단어였다. 예수께서는 아마도 요한복음 12:23에 나오는 그리스 사람들과 그리스어로 말씀하셨을 것이고, 그뿐만 아니라 마태복음 8:5-13에 나오는 백부장, 마가복음 7:26에 나오는 그리스 여성, 그리고 마가복음 12:13에 나오는 헤롯당 사람들과도 그리스어로 말씀하셨을 것이다.[21]

결론

복음서가 예수 말씀을 정확하게 보도하는 것으로 신뢰할 수 있는지에 대한 질문으로 돌아가 보면 우리가 예수께로부터 기원한 내용을 가지고 있음을 믿게 하는 많은 증거가 겹

---

21. Stanley E. Porter, *The Criteria for Authenticity in Historical-Jesus Research: Previous Discussion and New Proposals* (Sheffield: Sheffield Academic Press, 2000), 144-54은 예수께서 그리스어로 말했을 수 있는 경우를 고찰한다.

겹이 쌓이게 되는 것을 보게 된다. 그것들에는 가르침의 성격, (비유라는) 장르, 다양한 설명들 사이에 존재하는 언어적 일치 정도가 있다.

복음서가 문자 그대로의 일치를 보여주지 않는다는 사실 자체는, 우리가 현대의 제한된 인용 규칙이 복음서 시대에는 존재하지 않았다는 점을 고려할 때 아무런 문제가 되지 않는다. 예수 가르침의 일부, 대다수, 또는 전부가 아람어로 주어졌고, 그리스어 복음서에 번역되는 형태로 기록되었다는 견해는 그 자체로 우리가 예수께서 말씀하신 것에 대한 믿을 만한 기록을 가지고 있다는 것을 의심할 만한 충분한 이유가 되지 않는다.

제6장
텍스트가 변했는가?

    복음서의 신뢰성 여부를 고려할 때 우리는 복음서가 우리에게 믿을 만하게 전달되었는지를 알 필요가 있다. 다양한 언어로 되어 있는 사본의 양만 놓고 봤을 때 복음서나 아마도 성경의 시편이 상당히 고대부터 가장 잘 기록된 문서라고 볼 수 있다. 게다가 복음서는 가장 면밀하게 검토된 문서임이 틀림없다.

    우리가 가진 복음서 사본은 팔레스타인 외부, 즉 이집트, 이탈리아, 그리스, 터키와 같은 나라들에서 나온 것이다. 우리는 이러한 나라들의 필사자들이 팔레스타인의 정확한 문화적 지식을 복음서 안에 집어넣는 데 책임이 있었다고 생각하기는 어렵다. 그렇다면 복음서가 믿을 만하게 전달됐다는 견해는 심지어 우리가 가진 풍부한 사본의 증거를 필요로 하지도 않는다.

또한 고전 그리스와 라틴 문헌에 관한 연구의 대부분이 다음의 토대에 기반하고 있다는 것은 지적할 가치가 있다. 즉, 실제로 그리스어와 라틴어 사본에 정통한 사람이라면 누구든지 9세기부터 16세기까지의 사본이 고전 그리스나 로마에서 통용되던 텍스트와 같은 텍스트를 우리에게 상당히 잘 제시하고 있다는 것을 의심하지 않는다는 사실이다. 서구 학자들이 500년이 넘는 기간 동안 자녀들에게 고전 문헌을 가르친 것은 정확히 이러한 사실 때문이었다. 중동 지역에서 아일랜드와 스페인으로 넘어간 중세 필사자들은 고전 텍스트와 성경 텍스트를 필사하는 것을 주된 업무 중 하나로 여겼다. 잘못된 필사의 수많은 예와 분명한 변조의 예가 일부 있기는 했지만, 압도적인 수의 필사자들이 그들에게 주어진 일을 성실히 수행했다. 그래서 우리는 기독교 필사자들이 고전기 그리스와 로마가 해내지 못한 일을 성공적으로 해냈다고 말할 수 있다. 그리스인들과 로마인들은 이후 세대에게 그들 이전의 문화를 기록한 문헌을 전하지 않았다. 그런데 이와는 대조적으로 기독교 필사자들은 자신들이 가진 신앙으로 인해 방해받는 것 없이 그리스와 라틴의 이교 작가들의 많은 글을 충실하게 베꼈다. 기독교 필사자들은 그야말로 이교 문헌을 구원했던 것이다.

또한 이러한 필사 능력이 라틴 문헌과 그리스 문헌에만 국한되는 것이 아니라는 점도 관찰되어야 한다. 몇 가지 예를 들자면, 아랍어, 중국어, 히브리어, 산스크리트어, 시리아어 문헌은 천 년이 넘는 기간 동안 필사자들에 의해 전해져 왔다. 우리는 고대 텍스트를 평가할 때, 텍스트가 신뢰할 수 있는 것으로 입증되기 전까지는 신뢰할 수 없다고 생각하는 함정을 피해야 한다. 오히려 우리는 대부분의 후기 사본들이 고대 텍스트를 매우 잘 나타내고 있다고 합리적으로 생각할 수 있다.

지구에서 가장 똑똑했던 사람

데시데리우스 에라스무스(Desiderius Erasmus, 1466-1536)는 당대 세계에서 가장 박식한 사람으로 알려져 있었는데, 그는 1516년에 최초의 그리스어 신약성경 인쇄판을 만들고 이를 출판했다. 에라스무스는 복음서 판본을 만들기 위해 단 두 개의 사본만을 이용할 수 있었다. 이 두 사본은 12세기의 것으로 오늘날 사본 1번과 사본 2번으로 불린다. 다시 말하면, 에라스무스 사본과 복음서 시대 사이에 천 년이 넘는 차이가 있었던 것이다. 어떤 사람들은 이것이 텍스트가 변할 수 있는 긴 기간이라고 생각할 수 있다. 그러나 우리는 실제로 그랬을지 질문해 볼 필요가 있다.

에라스무스 시대 이후로 대략 2,000개의 복음서 사본이 발견되거나 확인됐다. 대부분이 중세의 것이지만, 일부는 에라스무스가 가지고 있던 사본보다 훨씬 더 이른 시기의 것이었다. 우리는 현재 사복음서에 대한 두 가지 중요한 사본을 가지고 있다. 그것은 바로 바티칸 사본(Codex Vaticanus)과 시내산 사본(Codex Sinaiticus)으로 대략 주후 350년의 것이다. 이 사본들은 둘 다 19세기에 이르러 사용이 가능하게 됐다. 20세기에는 복음서 전체 중 일부, 특히 요한복음을 담고 있는 3세기 사본이 발견됐다. 마태복음과 요한복음 사본의 초기 파편 중 일부는 심지어 2세기의 것일 수도 있다. 즉, 가장 초기 사본과 복음서 자체의 저술 사이의 차이는 에라스무스 시대 이후로 상당히 좁혀졌다.[1] 이것은 우리가 가진 현대 복음서

---

1.   그리스어 신약 사본에 대한 권위 있는 목록은 뮌스터에 있는 신약성경 본문 연구 기관(Institut für Neutestamentliche Textforschung)이

번역본과 어느 정도 차이가 나지만, 그리 많은 차이는 아니다.

　(원문으로 되어 있는 **필사본**이든 현대어로 된 **번역본**이든) 16세기 복음서 사본과 현대판 복음서 사이에 가장 괄목할 만한 차이는 마가복음 16:8 다음에 나오는 12개의 구절과 요한복음 7:53-8:11에 나오는 12개의 구절과 관련된다. 이 구절들은 (성경이) 처음 인쇄되던 때부터 19세기까지 존재했던 판본들과 번역본들에 그 구절들에 대한 어떤 의심의 표시도 없이 포함되어 있었지만, 이제 대부분의 학자들은 이 본문들이 나중에 복음서에 첨가된 것으로 간주한다. 이것은 많은 현대 번역본들뿐만 아니라 대부분의 현대 판본에 이 구절들이 표시된 방식에 반영되어 있다.

　이 두 본문은 복음서 텍스트 전체에 의구심을 제기하는 것처럼 보일 수도 있지만, 나는 사실상 그 반대의 결과를 가져온다고 주장할 것이다. 에라스무스가 두 개의 사본을 사용하여 그리스어 복음서의 첫 번째 판본을 만들어내기는 했지만, 우리는 에라스무스가 이 두 본문에 덧붙여진 불확실성에

　보존하고 있고, '짧은 목록'(the Kurzgefaßte Liste)이나 그냥 '목록'(the Liste)으로 알려져 있다. 가장 최신 판은 http://ntvmr.uni-muenster.de/liste에서 온라인으로 유지되고 있다.

대해서 인지하고 있었다는 것을 알고 있다. 에라스무스의 사본 1번은 마가복음 끝부분이 불확실하다는 것을 알려주었고, 또한 요한복음의 그 본문을 생략했다. 다시 말하면, 16세기에 지구상에서 가장 박식했던 사람은 이 두 본문을 의문시했던 지난 500년 동안의 발견 중 어떤 것을 접했다 하더라도 놀라지 않았을 것이다. 사실 두 본문에 가해진 의심은 지난 1600년 동안 주의 깊게 연구한 사람이라면 누구에게나 다 알려진 것이다.

이 두 본문을 강력하게 의심해볼 때 복음서 텍스트 나머지의 진정성에 대한 분명한 논거를 발견하게 된다. 우선 이 두 본문은 복음서 사본이 다양하다는 것을 보여주고, 이는 결과적으로 통치자들이나 필사자들이 모든 사본들을 일치시키려 하거나 논쟁이 되는 부분을 가리려고 하는 그 어떤 시도도 성공하지 못했음을 보여준다. 복음서 사본은 다양한 나라에서 나왔고 다양한 관할 구역 안에서 만들어졌다. 우리는 2세기부터 복음서를 인용했던 수많은 사람들의 기록을 가지고 있다. 늦어도 3세기부터 복음서는 콥트어, 라틴어, 시리아어와 같은 다양한 언어들로 번역되기도 했다. 5세기부터는 아르메니아어와 고트어로 번역되었고, 첫 번째 1000년이 지나면서 앵글로색슨어, 아랍어, 조지아어, 구교회슬라브

어로 번역됐다. 이러한 풍성한 증거에 비춰볼 때 지구 어딘
가에 있는 사본에 어떤 기록도 남기지 않은 채 중요한 변화
가 일어났을 가능성은 희박하다.

또한 에라스무스 판본과 대부분의 현대 성경 사이의 사
소하면서도 여전히 중요한 차이점을 살펴보도록 하자.

에라스무스의 그리스어 신약 판본은 다른 판본들의 기초
가 됐고, 여기에 1551년에 파리의 인쇄업자 로버트 에스티엔
(Robert Estienne [Stephanus])에 의해 절 번호(verse numbers)가 도
입된 것으로 유명하다. 이 번호는 오늘날 여전히 사용되고
있어서 에스티엔의 판본에는 있지만 현대의 복음서 인쇄물
에는 없는 것을 알아차릴 수 있는 간단한 방식을 제공한다.
전체적으로 볼 때 에스티엔이 절 번호를 붙인 것 중 현대 성
경의 독자가 상응하는 구절을 발견하지 못하는 예가 11개 있
다.[2] 예를 들면, ESV 성경에서 마태복음 18:10 다음에 나오는
구절은 18:12이다. 더 오래된 번역본들에는 이 두 구절 사이

2. 　그러한 성경에는 ESV, NIV, NLT, NRSV가 있고, 1611년 KJV의 본문
　　내용을 충실히 따르는 NKJV는 여기에 포함되지 않는다. NKJV은
　　KJV과 그 바탕이 되는 그리스어 본문, 즉 에라스무스의 텍스트와 매
　　우 가까웠고 우리에게 '텍스투스 레켑투스'(*Textus Receptus*, 수용 본
　　문)로 알려진 그리스어에 본문에 대한 지속적인 우월성을 주장하는
　　대중적인 운동이 널리 퍼져 있다.

에 '인자는 잃은 사람을 구원하러 왔다'라는 말이 들어가 있는데, 이는 대다수의 사본에 존재하는 내용이지만, 가장 초기의 두 사본과 콥트어, 라틴어, 시리아어 번역본 일부에는 없는 내용이다. 이러한 차이에도 불구하고 이와 비슷한 문제가 에라스무스를 놀라게 하지는 못했다. 그의 신약성경 학술 주석(*Annotationes*, 1527)은 문제가 되는 11개의 구절 중 3개의 구절에 대한 불확실성을 언급했다.[3] 이 11개의 구절을 위에서 언급한 12개의 구절로 되어 있는 두 본문과 합치면, 에라스무스의 1516년 복음서 판본에 있는 전체 35개의 구절이 그때 이후로 계속해서 문제시되고 있다는 것을 알게 된다. 그러나 에라스무스가 이용할 수 있었던 훨씬 더 제한적인 증거의 토대에서 그는 이미 12개의 구절로 되어 있는 두 본문과 11개의 구절 중 3개의 구절의 불확실성에 대해서 알고 있었다. 이는

---

3.   Desiderius Erasmus, *In Novum Testamentum Annotationes* (Basel: Froben, 1527)에서 에라스무스는 마 18:11(p. 72), 막 11:26(p. 131), 눅 17:36(p. 193)을 둘러싸고 있는 불확실성을 알고 있지만, 마 17:21; 23:14; 막 7:16(그리스어 성경에서 존재 여부가 논란이 되는 구절—편주); 9:44, 46; 15:28; 눅 23:17과 관련된 문제는 전혀 모르고 있으며, 요 5:4(그리스어 성경에서 존재 여부가 논란이 되는 구절—편주)의 본문 문제에 대해서는 제한된 인식만 가지고 있을 뿐이다. 에라스무스는 요 7:53-8:11과 관련해서 "간음한 여인에 관한 이야기는 다수의 그리스어 사본에 포함되어 있지 않다"(p. 234)라고 말한다.

에라스무스가 35개의 구절 중 27개의 구절, 즉 대략 77%의 불확실성에 대해서 알고 있었다는 것을 의미한다.

오늘날 우리는 에라스무스가 첫 번째 판본에서 사용했던 것보다 거의 백배나 많은 사본을 가지고 있고, 가장 초기 사본과 원문 사이의 간격도 거의 천 년이나 좁혀졌지만, 그리 많은 것이 바뀌지는 않았다. 에라스무스는 우리가 현재 가지고 있는 정보 중에 일부만을 가지고, 그리고 후대 사본만을 가진 채, 복음서와 관련된 가장 중요한 본문 문제에 대해서 알고 있었다. 이는 우리가 더 많은 사본을 발견하고 더욱 초기의 사본을 발견하여 시간적 간극을 계속해서 줄여나간다고 해서, 복음서 텍스트에 대한 우리의 불확실성이 증가될 것이라고 가정할 이유가 전혀 없음을 시사한다. 만약 미래의 발견이 지난 500년 동안의 발견과 같은 것이라면 우리는 복음서 판본이 많이 변하리라 기대하기 어렵다.

신뢰의 입증/정당성

이러한 모든 것은 사본에 대한 학술적 신뢰성을 입증해 준다. 에라스무스는 명민한 지성과 활용 가능했던 사본에 대한 합리적 신뢰를 통해, 실질적으로 에라스무스 시대보다 천년 이상 앞선 복음서와 같은, 복음서 판본을 만들어낼 수 있었다. 복음서에 나오는 이야기와 구절의 순서가 같았다. 이야기 중 어떤 것도 의미에 있어서 크게 바뀌지 않았다. 12개의 구절로 이루어진 유명한 두 본문을 제외하면, 차이점은 절별로 비교하며 연구하는 주의 깊은 독자들의 눈에만 띌 정도다.

물론 더 오래된 판본과 번역본들에 이 35개의 구절이 존재한다고 해서 이 구절들을 생략하거나 불확실한 것으로 표시하고 있는 현대 번역본의 나머지 복음서 본문을 의심해야 하는 것은 아니다. 만약 이 구절들이 제거되어야 한다는 많은 현대 학자들의 생각이 틀렸다면, 이는 단순히 현대의 복음서 판본에 (그러한 구절들이) 너무 많이 포함된 것이 아니라 극소하다는 것을 의미할 뿐이다.[4] 다시 말하면, 이것이 실제로 존재하며 의심의 표시가 되어 있지 않은 본문들을 신뢰하지 않을 이유가 될 수는 없다.

---

4.   나는 그의 주장을 확신하지 않지만, 모리스 로빈슨(Maurice Robinson)은 이러한 보다 더 긴 형태의 대다수 텍스트를 Maurice A. Robinson and William G. Pierpont, *The New Testament in the Original Greek: Byzantine Textform 2005* (Southborough, MA: Hilton, 2005), 533-86의 부록에서 기를 쓰고 변호한다.

그러나 우리는 일부 중요한 사본에는 없는데 현대 판본에는 인쇄되어 있는 몇몇 짧은 구절을 생각해봐야 한다. 일부 학자들은 실제로 현대 번역본에 (그러한 본문이) **너무 많다**고 말한다. 대표적인 예가 마태복음 16:2b-3, 누가복음 22:43-44, 누가복음 23:34a인데, 이는 대략 **네 구절** 정도 되는 분량으로 전체 신약성경 구절의 0.1%에 불과하다. 이 본문들을 포함하는 사본이 있고 생략하는 사본이 있다. 학자들의 견해는 양쪽 모두에서 발견된다.

2007년부터 2017년까지 내가 이끄는 성경 연구 기관인 틴데일 하우스(Tyndale House)는 자체적으로 그리스어 신약성경 판본을 제작했다. 케임브리지 대학 세인트 에드먼드 칼리지(St. Edmund's College)의 선임 연구원인 더크 종킨드(Dirk Jongkind) 박사—필사자가 저지르는 실수를 연구하는 학자 중 세계적인 전문가—는 편집장을 맡았고, 나는 부편집장을 맡았다. 케임브리지 틴데일 하우스에서 제작한 『그리스어 신약성경』(The Greek New Testament)에서 우리는 저 마지막 구절들이 복음서의 가장 초기 텍스트 중 일부라고 결론을 내렸다. 하지만 행여 우리가 틀렸다고 해도 나머지 복음서 텍스트가 의문시되어야 하는 것은 아니다. 오히려 이것은 우리가 다양한 사본을 많이 가졌다는 사실과 어떤 중앙 권력도 획일성을 강요할 수 없었다는 사실을 강화해준다. 그러므로 사본 모두(위에서 언급한 0.1%, 이를 제외한 나머지를 가리킴—편주)가 일치할 때, 텍스트가 신뢰할 만하게 전달되었다는 것을 신뢰하지 않을 타당한 이유는 없다.

새로운 판본을 제작하면서 나는 특히 그리스어 단어의 철자가 올바른지 검토하는 일을 담당했다. 여기서 '**올바르게**'라는 말은 문법과 사전에서 배운 규칙을 따르는 것을 의미하지 않는다. '올바르게'라는 말은 언어가 어떠해야 한다고 우리가 배운 방식에 맞지 않는다 하더라도 당시 필사자들에게 올바르게 보이는 방식으로 (단어를) 철자하는 것을 의미한다. 그래서 나는 열린 마음으로 우리가 어떻게 그리스어를 철자할 수 있는지에 관한 연구를 시작했고 사본에서 발견된 통상적이지 않은 많은 철자들을 기록해두었다.

그러나 우리가 판본을 제작하면서 확실히 할 필요가 있었던 것은 한 사람의 필사자가 가진 이상함(oddities)만을 반영하지 않는 것이었다. 그래서 한 가지 규칙을 세웠다. 그것은 우리가 인쇄하는 어떤 철자라도 적어도 두 개의 사본에 의해서 증명되어야 하고, 사본에서 단순하게 발견되는 일반적인 실수와 일치하지 않는 것이어야 한다는 규칙이다. 우리는 오늘날 알려진 사본에 근거하여 신약성경을 편집하기 시작했

고, 특히 종킨드와 또 다른 학자들에 의해 개발된, 필사자의
실수를 알아내는 방법론에 의지했다. 우리는 우리가 만든 판
본이 다른 판본과 다소 다를 것이라고 예상했다. 학술적인
측면에서 작은 세부 사항을 여럿 살펴보면 다른 면이 없지
않다. 그러나 우리가 최종적으로, 학자이자 소프트웨어 전문
가인 드레이튼 베너(Drayton Benner) 박사에게 우리의 판본과
다른 판본 사이를 양적으로 비교하게 했을 때, 우리는 우리
의 판본과 가장 가까운 판본이 바로 네스틀레-알란트판
(Nestle-Aland edition)으로 알려진, 1979년에 독일성서공회에서
제작됐다가 수정 없이 1993년에 재출간된 판본임을 알게 되
었다.[5] 이 텍스트는 전 세계의 학자들과 성경 번역가들에 의
해서 사용되고 있는 주요 텍스트다.[6] 다시 말하면, 서로 다른
학술적 강조점을 가지고 같은 사본 자료를 꼼꼼하게 살피는
다양한 학자들이 상당히 비슷한 결론에 이르게 되었다는 것
이다. 나는 이것을 개인적인 경험으로 알게 되었다. 왜냐하

5.　1979년판은 26판이고, 1993년판은 27판이다. 둘 사이에는 본문상의
　　차이는 없고, 앞뒤 내용과 학술적인 본문비평장치(apparatus)만 다르
　　다. 지금 2012년판인 28판이 사용되는데, 이 판의 복음서 본문은 다른
　　판과 철자(spelling)의 차이가 있으며, 그 외에는 다른 판과 동일하다.
6.　성경 번역가들이 보통 사용하는 판은 UBS이지만, UBS 3판부터 5판
　　까지(1975, 1993, 2014)의 본문은 철자를 제외하고 네스틀레-알란트
　　26판부터 28판까지의 본문과 동일하다.

면 내가 그 학자들 중 하나였기 때문이다.

우리는 요한복음의 첫 열네 구절을 살펴봄으로써 이것을 조금 더 분명히 확인할 수 있다. 다섯 개의 완전히 다른 판본에는 정확히 같은 단어가 기록되어 있고, 심지어 철자까지도 같다.

- 두 개의 12세기 사본을 기초로 하여 만들어진 에라스무스의 1516년 판본
- 대부분의 학자들이 사용하는 1979년, 1993년, 2012년 독일 성서공회 (네스틀레-알란트) 판본
- 비잔틴 제국의 사본에 나타나는 텍스트 유형을 선호하는 모리스 로빈슨(Maurice Robinson)의 2005년 판본
- 학문적인 성서 연구를 위한 세계에서 가장 큰 학회이자 미국학술협회에 소속되어 있는 학회인 북미성서학회(SBL)의 후원 아래 마이클 홈즈(Michael Holmes)가 제작한 2010년 판본
- 내가 속한 기관인 케임브리지 틴데일 하우스에서 제작한 2017년 판본

독일성서공회, 북미성서학회, 틴데일 하우스의 판본은 보통 3세기 초의 것으로 여겨지는 두 개의 파피루스—파피루

스 66번과 파피루스 76번—를 포함하여 에라스무스가 활용
했던 사본보다 앞선 시대의 광범위한 요한복음 자료를 참고
함에 있어서 서로 다른 편집 철학을 따른다.[7]

　　그러나 우리가 요한복음을 여는 첫 열네 구절, 즉 연속되
는 188개의 단어 또는 812개의 철자로 이루어진 부분을 살펴
볼 때 이 판본들 사이에 어떠한 차이도 발견할 수 없다. 에라
스무스는 종교개혁이 일어나기 직전에 스위스 바젤에서 때
마침 활용할 수 있었던 사본을 기초로 하여, 그 후 500년 동
안 축적된 지식의 열매를 누릴 수 있었던 21세기 학자들만큼
이나 좋은 사본을 제작할 수 있었다. 여기에는 유럽과 중동
의 큰 도서관 및 수도원에 있는 모든 사본들, 로마 제국 시대
이후로 이집트 사막에 감추어져 있던 모든 초기 파피루스가
포함된다. 이것은 복음서 텍스트가 수 세기에 걸쳐 온전하게

7.　이제까지 한 복음서의 그리스어를 편집하는 가장 큰 프로젝트는 국제
　　그리스어 신약성경 프로젝트(the International Greek New Testament
　　Project) 또는 IGNTP라 불린다(www.igntp.org). 이 프로젝트는 1948
　　년에 그리스어 신약성경의 학술판을 만들기 위해 시작되었다. 1980
　　년대 후반 이후로 IGNTP는 요한복음 판본을 작업해 오고 있다. 나는
　　수십 명의 협력자들과 세계 정상급의 신약성경 본문 학자들이 참여하
　　는 IGNTP의 의장직을 맡는 특권을 가지게 되었지만, 내가 많은 작업
　　을 하지 않았다는 것을 자백해야겠다. 이 프로젝트는 그리스어와 다
　　른 언어로 되어 있는 요한복음의 초기 사본에 접근할 수 있는 최고의
　　장을 만들어냈다. www.iohannes.com에 들어가 보라.

전해졌다고 신뢰하는 것이 절대적으로 합리적이라는 것을 말해준다.

그러나 나는 이 문제를 나중에 조금 더 깊이 살펴보기를 원한다.

텍스트가 초기부터 변할 수 있었을까?

이 책을 읽는 누군가는 복음서 텍스트가 초기부터 상당히 온전한 상태로 전해졌다는 것을 쉽게 인정할 수 있겠지만, 어떤 사람은 우리가 가진 가장 초기 사본이 있기 **전에** 텍스트가 변경될 수는 없었는지 합리적으로 질문할 수 있다. 우리는 이 질문을 몇 가지 단계로 다룰 수 있다.

첫째, 이 책의 목적은 복음서의 참됨을 **증명**하는 것이기보다 이성적으로 신뢰할 만하다는 것을 보여주려는 데 있음을 기억해야 한다. 바라건대 이 책의 끝에 이르러서는 복음서를 신뢰하는 것이 다른 대안적 설명보다 더욱더 합리적이라는 사실이 입증될 것이다. 수학적인 방식의 증명은 역사에 존재하지 않는다.

둘째, 어떤 것이 변하지 않았다는 것을 증명하는 것은 부정(negatives)을 증명하는 것이다. 부정을 증명하는 것은 종종 불가능하다.

셋째, 텍스트가 변했다고 생각할 만한 **충분한 이유가 없다**고 입증하는 것은 가능하다. 이것이 바로 내가 이번 장에서 하려고 했던 바다.

넷째, 내가 위에서 제시했던 사실들을 바탕으로 텍스트가 변하지 않았다고 생각할 만한 **충분한 이유가 있음**을 알 수 있다. 즉, 과거의 발견이 미래의 발견에 대한 암시이고 또한 필사자와 사본에 대해 우리가 현재 알고 있는 것이 미래에 발견하게 될 것에 대한 지침이라면, 우리는 중요한 변화의 증거를 찾게 될 것이라고 기대하지 않는다. 우리가 가진 가장 초기의 사본이 생기기 전에 중대한 변화가 있었을 것으로 생각하는 자들은 우리가 (사본에 대해) 알게 된 모든 세기와 최초의 사본이 존재하기 직전 사이에 급진적인 불연속이 있다고 제안하는 것이다. 그러나 그들은 우리가 이미 알고 있는 것이 아니라 그들의 상상력을 사용하여 증거의 공백을 메우고 있다고 이야기할 수 있다.

어떤 사람들은 아마도 처음에는 복음서들이 신성하게 여겨지지 않아서 쉽게 고쳐질 수 있었고, 그 책들이 신성하게 여겨지고 나서야 비로소 텍스트를 고쳐서는 안 된다는 압력

이 있었다고 제안한다. 사실 회의적인 역사학자들은 종종 아마 가장 초기 목격자가 있기 직전까지는 어떤 것도 사실이 아닐 것이라고 주장한다. 그러나 만약 에라스무스나 그와 동시대를 살아간 자들이 그처럼 생각했다면 어떻게 될까? 그들은 실제로 이후의 발견을 통해 그렇지 않다는 것이 드러났을 때도 모든 종류의 것들이 그들이 가진 가장 초기 사본이 있기 직전에 변했다고 생각했을 수 있다. 그러므로 복음서 기록과 우리가 가진 가장 초기 사본 사이에 존재하는 짧은 기간에 급진적인 변화가 있었다고 생각하는 자들은 점점 더 많은 사본이 발견됨에 따라 끊임없이 줄어들고 있는 기간에 일어난 사건들과 관련하여 증거로 뒷받침할 수 없는 주장을 용감하게 하고 있는 셈이다.

그러나 복음서가 완성된 후 수십 년, 아마도 10년, 20년, 30년, 40년 후를 생각해본다면, 그때 누군가가 사복음서에 어떤 변경을 가하는 것을 상상할 수 있을까? 이것은 또한 기독교가 빠르게 확산되고 있었다는 사실을 생각해볼 때 발생하기 어려운 일이다. 복음서가 더 멀리 확산되면 될수록 여행을 다니면서 다른 모든 사람들의 사본들에 변경을 가하는 것은 더욱 어려웠을 것이다. 2세기 말엽에 사복음서는 넓은 지역에 하나의 모음집으로서 보급되고 있었다. 한동안 복음

서가 개별적으로—다른 복음서들 없이 하나의 복음서만으로
(네 권 중 한 권만으로—편주)—보급되다가 네 권으로 된 전체 모
음집으로 보급된 전환기가 있었음은 틀림없다. 물론 이것은
복음서를 변경하고 싶어 하는 사람은 누구든지 넓은 범위의
지역에서뿐만 아니라 두 매체(모음집과 개별 복음서)에 있어서도
복음서의 내용을 변경했어야 한다는 것을 의미한다. 곧, 의
도적인 변경이 광범위하게 일어났다는 시나리오는 근거가
없는 공상적인 이야기가 되어버린다.

그렇다면 복음서 신뢰성의 문제로 되돌아가서 생각해 볼
때 현대 판본들에 나오는 복음서 텍스트가 높은 수준의 신뢰
성을 지니고 있다고 보는 것이 합리적이다. 현대 판본들은
자체적으로 불확실한 부분이 어디에 있는지 보여준다. 최초
기에 복음서를 작성할 때 텍스트에 가해진 어떤 변화는 (1)
개별 복음서에 대한 변화, 또는 (2) 변화가 가해졌음이 인지
된 것은 무엇이든 전달하기를 원하지 않았던 필사자들이 진
정성 있는 것으로 받아들일 정도로 매우 작은 변화, 또는 (3)
우리가 가진 사본에서 지속적인 증거가 발견되고 있는 변화
에 제한되어야 할 것이다.

한 가지 더 이야기할 것이 있다. 그것은 많은 사본 작업
이 전문적인 필사자들에 의해서 이루어졌다는 것이다. 필사

자들은 훈련받았고 그들이 가지고 있는 것을 신실하게 복제해내도록 급여를 받고 일하는 사람들이었다. 필사자들이 저자이자 텍스트에 일정하게 나타나는 이념적 변개의 근원으로 행동했다고 보는 견해는, 고대 세계의 필사자들과 관련하여 우리가 아는 바와는 반대된다.[8]

8. Ulrich Schmid, "Scribes and Variants—Sociology and Typology," in *Textual Variation: Theological and Social Tendencies? Papers from the Fifth Birmingham Colloquium on the Textual Criticism of the New Testament*, ed. D. C. Parker and H. A. G. Houghton (Piscataway, NJ: Gorgias, 2008), 1-23.

제7장
복음서의 서로 모순되는 부분은
어떻게 이해해야 하는가?

    지금까지 우리는 복음서 기록의 진정성과 관련된 다양한 증거를 살펴왔지만, 이제 나는 복음서 안에 나타나는 서로 모순되는 부분에 대한 일반적인 불만족을 살펴보고자 한다. 같은 생애에 대한 네 가지 기록을 가지게 됨으로써 결과적으로 이야기 가운데 서로 중첩되는 부분이 생길 뿐만 아니라 내러티브 가운데 서로 일치하지 않는 부분이 발생하기도 한다. 실제로 동일한 사건에 대한 다중의 보도가 서로 충돌하거나, 적어도 충돌하는 것처럼 보이는 것은 평범한 삶에서 흔히 있는 일이다. 수년 동안 복음서 사이에 많은 모순이 있다는 주장이 제기되어 왔다. 하지만 이것은 적어도 각 복음서의 기록이 상당한 독립성을 지니고 있었음을 나타내는 것이기도 하다.

그러나 이 주제에 대한 나의 짧은 탐구 여행은 어떻게 요한복음이 그 자체 내에서, 그리고 다른 문헌(예, 같은 저자의 문체를 보여주는 요한일서)과 관련해서, **의도적인 형식상의 모순**을 가지고 있는지에 초점을 맞출 것이다. 여기 몇 가지 예가 있다.

모순 1. 하나님이 세상을 사랑하셨다 vs. 세상을 사랑하지 말라

- 하나님이 세상을 이처럼 사랑하사 독생자를 주셨으니 이는 그를 믿는 자마다 멸망하지 않고 영생을 얻게 하려 하심이라. (요 3:16)

- 이 세상이나 세상에 있는 것들을 사랑하지 말라 누구든지 세상을 사랑하면 아버지의 사랑이 그 안에 있지 아니하니. (요일 2:15)

모순 2. 사람들이 표적을 보고 믿었다 vs. 믿지 않았다

- 유월절에 예수께서 예루살렘에 계시니 많은 사람이 그의 행하시는 표적을 보고 그의 이름을 믿었으나. (요 2:23)

- 이렇게 많은 표적을 그들 앞에서 행하셨으나 그를 믿지 아

니하니. (요 12:37)

모순 3. 사람들이 예수 및 그분이 어디서 오셨는지 안다 vs. 알지 못한다

- 예수께서 성전에서 가르치시며 외쳐 이르시되 너희가 나를 알고 내가 어디서 온 것도 알거니와 내가 스스로 온 것이 아니니라 나를 보내신 이는 참되시니 너희는 그를 알지 못하나. (요 7:28)

- 예수께서 대답하여 이르시되 내가 나를 위하여 증언하여도 내 증언이 참되니 나는 내가 어디서 오며 어디로 가는 것을 알거니와 너희는 내가 어디서 오며 어디로 가는 것을 알지 못하느니라. (요 8:14)

- 이에 그들이 묻되 네 아버지가 어디 있느냐 예수께서 대답하시되 너희는 나를 알지 못하고 내 아버지도 알지 못하는도다 나를 알았더라면 내 아버지도 알았으리라. (요 8:19)

모순 4. 예수께서 자신에 대해 증언하면 그 증언이 참되지 않다 vs. 증언해도 참되다

- 내가 만일 나를 위하여 증언하면 내 증언은 참되지 아니하되. (요 5:31)

- 바리새인들이 이르되 네가 너를 위하여 증언하니 네 증언은

참되지 아니하도다 예수께서 대답하여 이르시되 내가 나를 위하여 증언하여도 내 증언이 참되니 나는 내가 어디서 오며 어디로 가는 것을 알거니와 너희는 내가 어디서 오며 어디로 가는 것을 알지 못하느니라. (요 8:13-14)

모순 5. 예수께서 아무도 판단하지 않는다 vs. 판단할 것이 많다

- 너희는 육체를 따라 판단하나 나는 아무도 판단하지 아니하노라. (요 8:15)

- 만일 내가 판단하여도 내 판단이 참되니 이는 내가 혼자 있는 것이 아니요 나를 보내신 이가 나와 함께 계심이라. (요 8:16)

- 내가 너희에게 대하여 말하고 판단할 것이 많으나 나를 보내신 이가 참되시매 내가 그에게 들은 그것을 세상에 말하노라 하시되. (요 8:26)

모순 6. 예수께서 세상을 심판하러 오지 않으셨다 vs. 심판하러 오셨다

- 사람이 내 말을 듣고 지키지 아니할지라도 내가 그를 심판하지 아니하노라 내가 온 것은 세상을 심판하려 함이 아니요 세상을 구원하려 함이로라. (요 12:47)

- 하나님이 그 아들을 세상에 보내신 것은 세상을 심판하려

하심이 아니요 그로 말미암아 세상이 구원을 받게 하려 하심이라. (요 3:17)

• 예수께서 이르시되 내가 심판하러 이 세상에 왔으니 보지 못하는 자들은 보게 하고 보는 자들은 맹인이 되게 하려 함이라 하시니. (요 9:39)

위의 내용을 읽고 요한복음이 기록된 미묘한 방식을 연구한 후에 이러한 형식상의 모순이 의도적이라는 것에 독자들이 나와 의견을 같이하길 바란다. 이러한 모순은 저자가 관련된 단어들의 다중적인 의미를 우리로 하여금 더 깊이 숙고하게 하는 방식이다.[1] 위의 예시는 회의론자 바트 어만이 복음서에서 가장 분명한 모순이라고 생각하는 바를 설명한 책의 내용을 생각해보도록 준비시킨다.

내가 가장 좋아하는 명백한 불일치 중 하나—나는 수년간 요한복음을 읽으면서 이게 얼마나 이상한지 깨닫지 못했

---

1. 옥스퍼드의 철학자인 토마스 W. 심슨(Thomas Simpson)은 요 5:31과 8:14의 형식상의 모순이 사실상 "철학적 정교화"를 보여주는 것이라고 주장한다. 그의 논문인 "Testimony in John's Gospel: The Puzzle of 5:31 and 8:14," *Tyndale Bulletin* 65, no. 1 (2014): 101-18, esp. 101을 보라.

다—는 예수의 '고별담화', 즉 요한복음 13장에서 17장까지
의 모든 부분을 차지하는, 예수께서 제자들과 함께한 마지
막 만찬에서 전한 마지막 연설에 나온다. 요한복음 13:36에
서 베드로는 예수께 말한다. "주여 어디로 가시나이까?" 몇
구절 뒤에 도마는 말한다. "주여 주께서 어디로 가시는지
우리가 알지 못합니다."(요 14:5) 그리고 몇 분 후 같은 식사
에서 예수께서는 "지금 내가 나를 보내신 이에게로 가는데
너희 중에서 나더러 어디로 가는지 묻는 자가 없느냐?"(요
16:5)라고 말씀하시며 제자들을 꾸짖으신다. 예수께서는 주
의력 지속 시간이 매우 짧거나 이 고별담화 자료에 괴상한
종류의 불일치를 만들어내는 뭔가 이상한 일이 일어나고
있는 것이다.[2]

이것은 복음서에 해소할 수 없는 모순이 존재한다는 어
만의 반복된 주장의 일부가 된다. 그러나 이는 어만의 방법
론에 약점이 있음을 보여주기도 한다. 위에 언급된 모든 경
우에서 예수께서는 모순되는 부분의 한쪽이나 양쪽 모두를

---

2.   Bart D. Ehrman, *Jesus, Interrupted: Revealing the Hidden Contra-
     dictions in the Bible (and Why We Don't Know about Them)* (New
     York: HarperOne, 2009), 9 [= 『예수 왜곡의 역사』, 청림출판, 2010].

말씀하신 것으로 묘사된다. 그러나 어째서 이 뛰어난 선생께서 역설을 사용하실 수 있다고 생각하지 못할까? 우리가 살펴본 각각의 형식상 모순은 단어의 다중적인 의미를 강조한다. 요한복음에서 예수께서는 십자가를 향해 가시고, 결국 아버지이신 하나님께로 나아가신다. 제자들은 이에 대해서 묻지 않고, 세속적인 관점에서 예수께서 다음으로 어디를 가실지에 대해서만 생각하고 있다. 어만은 이런 아이러니를 놓치고 있는 것이다.

그러므로 이 문제는 모순에 관한 질문이 복음서에 오류가 있다고 주장하는 자들과 그렇지 않다고 주장하는 자들 사이에 존재하는 '점수 내기 운동'(point-scoring exercise)의 일환이 되어버린 것처럼 보인다. 여기에서 요한복음 저자는 청중이 더 깊이 생각하도록 격려하기 위해 **언어의 표층 위에 나타나는 모순**을 기록했다. 이것은 디킨스가 『두 도시 이야기』(*A Tale of Two Cities*)에서 시대의 모순을 특징적으로 묘사하기 위해 많은 모순의 나열로 시작하는 것과 다소 비슷한 면이 있다. 디킨스는 다음과 같은 유명한 말로 시작한다. "가장 좋은 시절이었으며 최악의 시절이기도 했다."[3]

---

3.   Charles Dickens, *A Tale of Two Cities* (London: Chapman & Hall, 1859) [=『두 도시 이야기』, 펭귄클래식코리아, 2012].

이러한 **의도적인 형식상의 모순**이 존재한다고 해서 서로 모순되는 진술이 좀 더 깊은 층위에서 어떤 식으로든 둘 다 사실이 아님을 의미하는 것은 아니다. 그러나 이 형식상 모순들은 저자의 실수를 발견하기 원하는 자들을 만족시키기보다는 사람들이 깊이 읽도록 하는 데 더 관심이 있었다는 것을 분명히 나타내는 장치다.

만약 한 저자가 어휘를 한 가지 방식 이상으로 사용할 수 있다면, 왜 두 명의 저자라고 그렇게 할 수 없었겠는가? 만약 누군가가 두 개의 복음서 이야기가 일치하지 않아서 둘 다 사실일 수 없다고 주장하기를 원한다면, 그는 먼저 각 텍스트에 주장되고 있는 것을 정확하게 이해했는지 분명히 살펴봐야 하고, 의도되지 않은 방식으로 각각의 이야기를 읽고 있지 않음을 분명히 밝혀야 한다. 복음서에서 모순으로 보이는 것들이 존재한다는 주장과 우리를 여전히 곤혹스럽게 하는 텍스트가 있음에도 불구하고, 도저히 해결할 수 없을 것 같은 그 어떤 것을 나는 알지 못한다(즉, 어떤 모순이든 설명이 가능하다—역주).

제8장
누군가 이 모든 것을 날조했을까?

복음서에는 복음서 저자들이 지어냈을 것으로 보기 어려운 세부적인 내용들이 많이 있다. 혹자가 복잡한 이유를 제시하며 누군가 복음서를 지어냈을지 모른다고 생각한다 하더라도 이는 가장 명쾌하고 간단한 설명이 아니다. 가장 명쾌한 설명은 복음서 보도가 날조가 아닌 사실이라는 것이다.

가장 분명한 예는 예수께서 십자가 처형을 통해 수치스러운 죽음을 당하신 것인데, 이는 로마가 자신들이 통치하고 있다는 것과 십자가에 달린 자가 패배한 실패자임을 보여주는 방식이었다. 그러나 복음서 저자들은 이 사건을 비롯하여 그들의 운동에 별로 도움이 안 될 것처럼 보이는 사건들을 기록했다. 네 권의 복음서는 모두 수제자 베드로가 세 번이나 예수를 모른다고 부인한 것을 이야기하고, 제자들이 부족한 이해력으로 예수께서 체포되는 중요한 순간에 불충했던 것을 묘사한다.

제자들 자신이나 그들을 지도자로 의지했던 자들이 왜 이런 이야기를 지어냈을지 상상하기란 어렵다. 또 누군가 제자들에게 정보를 의존하여 하나의 복음서를 쓰면서 제자들에 대해 그러한 것들을 만들어냈다고 하더라도 그 이유를 좀처럼 이해하기 어렵다. 그리고 이것이 끝이 아니다. 제자들에게 비판적인 본문이 다양한 종류의 복음서 자료에서 발견되는 것은 더더구나 이해하기 어렵다.[1] 기독교의 핵심 문서가 첫 번째 기독교 지도자들에 대한 매우 비판적인 내용을 담고 있다는 것은 다른 종교나 정치 운동과 비교해서 생각해 볼 때 특이한 부분이다. 이에 대한 분명한 해석은 초기 지도자들에 대한 비판적인 내용이 자료의 진정성을 나타낸다는 것이다.

1.　예, 마 14:28-31; 눅 8:45; 9:55; 요 13:8; 18:10.

기적은 어떤가?

많은 사람이 복음서를 역사적으로 신뢰할 만한 것으로 받아들이는 데 가장 문제가 되는 이유가 복음서에 너무나도 많은 기적 이야기가 나온다는 데 있음은 의심의 여지가 없다. 기적이 오늘날 발생하지 않는다면 어째서 우리는 과거 당시에 기적이 발생했었다는 사실을 인정해야 하는가? 일부 비평가들에게 이러한 상황은 셜록 홈즈(Sherlock Holmes)의 유명한 대사로 요약될 수 있다. "내가 얼마나 자주 네게 말했니? 불가능한 것들을 제거했을 때 남아 있는 모든 것은 그게 사실 같지 않아도 진실임이 틀림없다고 말이야."[2] 기적은 불가능한 것이므로 논쟁은 계속된다. 그러므로 기적을 제외한 역사적 재구성은 아무리 사실 같지 않아 보여도 올바른 것임에 틀림없다.

예를 들면, 우리가 무신론적 유물론(존재하는 모든 것을 물질로 보는 이론)을 상정한다면 물론 기독교인들이 이해하는 방식의 기적은 불가능하다. 기적을 반대하는 측에 아무리 많은 증언을 한다고 해도 그들이 만족할 만한 주장에 이를 수는

2.　Arthur Conan Doyle, *The Sign of Four* (London: Spencer Blackett, 1890), 111 [= 『네 사람의 서명』, 황금가지, 2002]

없을 것이다. 때때로 기적에 대한 기독교인들의 옹호론은 그런 기준에 근거하여 판단되고 우둔한 것으로 여겨진다. 그러나 문제는 무신론적인 유물론 세계가 출발점으로 간주되어 왔다는 것이다. 전제는 (항상) 결론을 만들어낸다.

그러나 기독교인들이 복음서 기적의 진실성을 옹호할 때, 그들은 보통 기적에만 의존하여 전체적인 기독교 진리를 주장하지 않는다. 기독교인들은 표적이 행해지고 있는 세상에 살고 있다고 믿었고, 기독교가 진리임을 드러내는 다양한 증거들에 메시지의 특성, 성경 이야기의 사실적인 도덕성, 예언의 성취, 성경의 일관성, 도덕적 절대 원칙의 근원의 필요성, 생명과 자연이 합목적성으로 보이는 것, 자신들의 경험 등이 있다고 믿었다. 이러한 주장이 타당한지 아닌지를 살펴보려면 또 다른 책들이 필요할 것이다. 그러나 핵심은 세상의 본질에 대해 **이전부터 가지고 있던 확신**이 기적이 가능하다고 생각하는 것은 고사하고 그것이 가능하다고 믿을지 믿지 않을지에 영향을 준다는 것이다.[3]

---

3. Michael P. Levine, "Philosophers on Miracles," in *The Cambridge Companion to Miracles*, ed. Graham H. Twelftree (Cambridge: Cambridge University Press, 2011), 292에 보면, "기적이 불가능하다고 주장한 철학자는 거의 없고, 사실상 기적이 불가능하다고 주장하는 자들은 아주 철저한 자연주의를 전제하고 있거나 찬성하고 있다"

만약 당신이 유물론적 무신론을 완전히 확신한다면 어느 정도의 증거가 있어야 무작위적이면서 무의미한 기적, 즉 당신의 세계관에서는 단순히 변칙일 뿐인 것을 믿게 될지 상상하기 어렵다. 물론 그리스도를 하나님의 아들로 생각하는 자들은 이상하고 변칙적인 기적을 옹호하지 않고, 의미 있는 패턴을 형성하는 기적을 옹호한다. 그러나 만약에 당신이 이미 합리적으로 하나님이 존재한다는 것을 확신하고, 이스라엘 역사 가운데 기적을 행하며 미래의 메시아를 예언적으로 약속하셨다는 사실을 확신한다면, 복음서의 기적이 더 그럴듯하게 보일 것이라는 데에는 의심의 여지가 없다.

칼 세이건(Carl Sagan)은 "비범한 주장에는 비범한 증거가 요구된다"라는[4] 문구를 많은 사람에게 알렸는데, 이는 성경의 기적을 믿기에 증거가 부족하다고 말하는 회의론자들이 가장 좋아하는 말이다. 겉으로 봤을 때 그다지 문제가 없어 보이는 이 문구가 가지는 문제는 '비범한'이라는 말이 정의되지 않았다는 것이다. 무신론자에게 있어서 복음서의 기적을 믿는 것은 비범한 일이다. 하나님을 믿는 신자들에게 살

라고 기록되어 있다.

4. 이 격언의 문제점은 David Deming, "Do Extraordinary Claims Require Extraordinary Evidence?," *Philosophia* 44, no. 4 (December 2016): 1319-31에 드러나 있다.

아 있는 것이 살아 있지 않은 것에서 자연스럽게 생겨났다는 믿음은 의식이 있는 것이 의식이 없는 것에서 발생했다는 믿음과 마찬가지로 받아들이기 어려운 것이고, 이 두 믿음은 대다수의 무신론자들이 받아들이기 어려워하는 점이다. 이 문제와 관련해서 기독교인과 무신론자의 신념이 합리적인지 아닌지에 대한 문제를 여기에서 고려할 수 없지만 한 가지는 말할 수 있다.

자신을 회의론자로 여기는 대부분의 사람들은 처음에 생명이 어떤 초자연적인 개입 없이 순전히 물질적인 수단만으로, 곧 살아 있지 않은 물질에서 비롯됐고 의식이 의식 없음에서 비롯됐다는 신념을 받아들이면서, 이러한 입장은 어떤 **비범하게 고차원적인** 증거 기준이 아니라 통상적인 증거 기준에 이르기만 하면 된다고 생각한다. 인류가 기원에 대한 완전히 물질적인 설명이 가능한지 그렇지 않은지에 따라 나뉘듯이, 기적도 가능성 여부에 따라 나뉘는데 대다수의 사람들은 겉으로 봤을 때 확고한 물질주의적 설명을 반대하고 기적을 믿는 입장을 지지하는 것처럼 보인다. 이러한 분열의 양측에 있는 자들이 상대측에 믿는 바에 대한 '비범한 증거'를 내놓으라고 요구하는 것은 순환논증을 하게 될 위험이 있다.

기적에 대한 또 다른 반대는 기적이 질서 정연한 과학적 설명을 방해한다는 것이다. 그러나 이러한 반대 주장은 성경적 기적의 일반적인 특징을 인식하지 못하는 데서 기인한다. 성경에서 기적은 질서 정연한 우주에 대한 무질서한 방해로 제시되지 않는다. 오히려 기적은 하나님께서 세상 속에서 의미 있게 행동하시는 것을 보여주는, 질서 정연한 패턴을 형성하는 사건으로 제시된다. 예수 주변에서 발생한 기적 사건에 대한 보도를 보면 이는 질서를 깨뜨리는 것이 아니라 예수께서 누구신지를 가리키는 표적임이 드러난다.

예수 부활의 증거

이 책에서 하고 있는 주장은 복음서가 통상 진정성의 표지로 간주되는 것들을 보여준다는 것이다. 이 주장을 하기 위해서 나는 이번 장까지 기적이라는 주제를 대체로 무시해왔다. 우리는 지금까지의 결론을 다음과 같이 말할 수 있다. 만약 복음서에 나오는 많은 기적 보도가 없다면 대부분의 역사가들은 기쁜 마음으로 복음서 이야기를 역사적 진정성을 가진 것으로 생각했을 것이다. 이는 그 자체로 사소한 일이

아니다. 나는 이제 기적을 **포함한** 복음서 내러티브를 살펴보
고자 한다.

만약 누군가가 기적과 관련하여 유물론적인 무신론의 입
장을 충실히 따른다면, 어떤 증거를 가지고도 그러한 믿음을
내려놓게 하지 못할 것이다. 무신론자는 이 책에 나오는 다
양한 증거와 마주칠 때마다 힘써 다른 대안적 설명을 찾아내
려 할 것이다. 나는 그런 대안적 설명이 복잡하고, 보통 개연
성 없는 것으로 보이는 수많은 시나리오에 호소하고 있다고
생각하며, 반면에 복음서의 역사적 진정성을 받아들이는 것
이 더욱 명쾌하고 깔끔한 설명을 제공한다고 믿는다.

그러나 이런 입장에 갇혀 있지 않은 사람들에게 예수의
부활은 복음서의 진정성을 받아들이기 위한 추가적인 논증
을 제공한다. 많은 책이 부활의 역사성을 주장하고 있으므로
[5] 나는 그 역사성을 받아들일 수 있는 논거를 제시하면서 매
우 간략하게만 언급할 것이다.

우리는 부활을 의심하는 자들이 일반적으로 받아들이는
두 가지 사실로 시작할 수 있다. (1) 예수는 장사됐고 이후에

---

5.   특히 N. T. Wright, *The Resurrection of the Son of God* (London:
      SPCK, 2003) [=『하나님의 아들의 부활』, CH북스, 2005]을 보라.

그 무덤은 비어있었다.[6] (2) 수많은 사람들이 예수께서 죽은 자들 가운데서 부활한 것을 보았다고 믿었다.

우리는 유대인들 사이에서 심지어 유죄 선고를 받은 범죄자라 할지라도 장사가 중요했다는 점 및 복음서와 다른 초기 기독교 전승이 빈 무덤에 초점을 맞추고 있다는 매우 강력한 증거를 근거로 하여 빈 무덤을 입증하려고 한다. 여기에 만약 누군가가 예수께서 아직 계신 무덤을 쉽게 가리킬 수 있었다면 우리는 부활한 예수에 대한 믿음이 그렇게 멀리 퍼져나갔을 것이라고 상상하기 어렵다는 생각을 덧붙일 수 있다.

우리는 수많은 사람들이 예수께서 죽은 자들 가운데서 부활하신 것을 보았다는 견해를, 여성이 증인으로서 합법적으로 용인되지 않았음에도, 무덤에 방문한 여성에 초점을 맞추는 복음서 이야기에서만이 아니라,[7] 신약 전체에 나오는 다양한 부활 현현에서도 입증할 수 있다. 부활하신 예수께서

---

6.   유대인들은 십자가에 못 박힌 자조차도 매장하지 않은 채로 남겨두지 않았다는 것에 대한 증거를 위해서는 Craig A. Evans, *Jesus and the Remains of His Day: Studies in Jesus and the Evidence of Material Culture* (Peabody, MA: Hendrickson, 2015), 109–20, 131–45을 보라.

7.   Josephus, *Antiquities* 4.219.

는 유대에,[8] 갈릴리에,[9] 성읍에,[10] 시골에,[11] 실내에,[12] 실외에,[13] 아침에,[14] 저녁에,[15] 예고하신 대로,[16] 예고 없이,[17] 가까이에,[18] 멀리에,[19] 산 위에,[20] 호숫가에,[21] 여러 남자에게,[22] 여러 여자에게,[23] 개인에게,[24] 500명으로 구성된 개인과 집단에,[25] 앉으셔서,[26] 서신 채로,[27] 걸으시며,[28] 음식을 드시며,[29] 늘 말씀하시며

---

8. 마 28:9; 눅 24:31, 36.
9. 마 28:16-20; 요 21:1-23.
10. 눅 24:36.
11. 눅 24:15.
12. 눅 24:36.
13. 마 28:9, 16; 눅 24:15; 요 21:1-23.
14. 요 21:1-23.
15. 눅 24:29, 36; 요 20:19.
16. 마 28:16.
17. 마 28:9; 눅 24:15, 34, 36; 요 21:1-23.
18. 마 28:9, 18; 눅 24:15, 36; 요 21:9-23.
19. 요 21:4-8.
20. 마 28:16.
21. 요 21:4.
22. 요 21:2; 고전 15:5, 7.
23. 마 28:9.
24. 눅 24:34; 고전 15:5, 7(그리고 8).
25. 고전 15:6.
26. 요 21:15(암시됨).
27. 요 21:4.
28. 눅 24:15; 요 21:20-22.
29. 눅 24:43; 요 21:15.

[30] 나타나셨다. 예수와 가까운 거리에서 대화까지 나눈 사람이 많았다. 예수께서 죽은 자 가운데서 살아나신 것을 봤다고 주장하는 수많은 사람들이 존재하지 않고서는 복음서와 초기 기독교 서신에 나오는 이러한 수많은 나타나심을 상상하기 어렵다.

이 두 가지 논증은 그 자체로 비범한 무언가에 대한 강력한 증거를 만들어낼 것이다. 빈 무덤은 몇몇 사람이 예수의 시신을 옮겼다는 것으로 설명될 수 있는데, 이는 기이한 일로 간주됐겠지만 소수에 의한 전략적 속임수의 일부였을 수도 있다. 그러나 이 설명은 다양한 사람들이 예수께서 죽은 자들 가운데서 부활하신 것을 봤다는 주장을 설명해낼 수 없다. 빈 무덤과 부활 현현의 조합은 매우 훌륭한 '탐정물'의 가치가 있다.

그러나 여기서 우리는 기적에 호소하지 않은 채 자료를 설명하려고 하는 사람들에게 더 많은 문제를 일으키는 추가적인 논증을 더할 수 있다.

누군가 **한 사람**이 다른 사람들보다 앞서 육체적으로 부활한다는 개념이 유대교에서는 매우 이상한 것이라고 주장할 수 있다. 그렇기에 초기 기독교인들이 자신들의 리더가

30.　마 28:9-10, 18-20; 눅 24:17-30, 36-49; 요 20:15-17, 19-29; 21:6-22.

죽은 후에 예수 운동을 계속하기 위한 목적으로 그 개념을 만들어냈다고 보는 것은 그 가능성이 희박하다.[31]

게다가 빈 무덤과 부활 현현에 대한 보도는 무작위의 한 개인에 대한 것이 아니라 어떻게 보아도 아주 비범한 한 개인에 관한 것이었다. 그는 다른 어떤 랍비보다도 더욱 많은 기적을 일으켰고, 긍정 황금률의 최초 판과 몇몇 매우 유명한 이야기의 창시자이며, 또 다윗 왕가의 대를 잇는 후손이었고,[32] 세상에서 가장 주목할 만한 인종 집단의 구성원 자격을 가지고 있는 사람이었다.[33] 그는 유대인의 왕이라는 주장

---

31. Wright, *Resurrection of the Son of God*, 413.

32. 다윗의 족보는 법적으로 실재했던 것으로 보인다. 2세기 작가 헤게시푸스(Hegesippus)는 예수의 형제 유다의 두 손자가 재판받는 동안 도미티아누스(황제, 주후 81-96년) 앞에서 그들이 다윗의 후손임을 확인했다고 보도했다. Eusebius, *Ecclesiastical History* 3.20을 보라. 족보는 유대인들에게 중요했고, 족보에 대한 공적 문서 기록은 적어도 제사장들에게서만큼은 간직됐다(Josephus, *Life* 6; Josephus, *Against Apion* 1.31). M. Avi-Yonah, "A List of Priestly Courses from Caesarea," *Israel Exploration Journal* 12, no. 2 (1962): 137-39에 보면, 적어도 예수 시대 이후 나사렛이 제사장 마을이었음을 보여주는 비문에 대한 논의가 있다. 눅 1:5, 36은 예수의 어머니 마리아가 제사장 아론의 후손과 관련이 있다고 전한다.

33. 2018년 3월 14일에 접속한 http://www.jinfo.org/Nobel_Prizes.html 에 따르면, 유대인 혈통을 절반이나 그 이상을 가진 사람들(가계에 유대인 혈통을 지닌 자가 일정 수 이상 포함되어 있는 경우—편주)이 개별 노벨상 수상자들의 23%를 차지한다.

으로 인해 로마인들에 의해 처형당한 것 같고, (심지어 비기독교 문헌에도 기록되어 있는 것과 같이) 공교롭게도 유대인들이 경험한 가장 큰 구원인 출애굽을 기념하는 때인 유월절 기간에[34] 죽었다. 더 많은 우연의 일치가 추가될 수 있다. 그러나 예수의 기적들이 잘 정돈된 기계론적 우주의 패턴을 망칠 것이라고 생각하기보다 실제로 하나의 패턴을 **형성하고 있다고** 생각하기 시작하는 때가 올 것이다. 각각의 현상을 개별적으로 설명하려고 할 수 있겠지만 하나의 단순한 설명으로 모든 사실을 이해할 수 있다.

---

34. 바빌로니아 탈무드 *Sanhedrin* 43a. Colin J. Humphreys and W. G. Waddington, "Dating the Crucifixion," *Nature* 306 (1983): 743-46에 보면, 십자가 처형의 가장 가능성 있는 연대는 주후 33년 4월 3일이라는 주장이 있다. 이 연대에 대한 그들의 주장과는 관계없이, 그들(Humphreys와 Waddington)은 사람들이 그날 저녁 유월절 식사를 먹기 위해서 앉았을 때, 예루살렘에서 핏빛으로 물든 달이 보이는 월식이 있었을 것이라는 점에 주목한다. 이것은 신약성경이 분명하게 언급하지 않고 있는 사실이지만, 행 2:20에 나오는 베드로의 첫 번째 설교에서 예루살렘의 구원 표적 중의 하나로 달이 핏빛 같이 변하게 되는 것을 말하는 욜 2:31의 묘하게 적합한 예언을 인용할 때, 이 점을 암시하고 있다고 볼 수도 있다.

예수—더 단순한 설명

요한복음은 "태초에 말씀이 계시니라 이 말씀이 하나님과 함께 계셨으니 이 말씀은 곧 하나님이시니라"(요 1:1)로 시작한다. 이어서 이 말씀이 "육신이 되셨다"(요 1:14)라고 전하는데 이는 사실상 "예수 그리스도"(요 1:17)시라는 설명이 뒤따른다. 여기에서 '말씀'은 그리스 철학에서 말하는 추상적인 창조 원리가 될 수도 있고 유대적인 언어로 하나님 자신을 말하는 한 가지 방식이 될 수도 있는데, 언제나 존재해 왔던 무언가, 즉 하나님이면서 하나님과 구분되는 존재로 그려진다. 이 모든 것은 하나님 한 분만이 계시다는 유대교의 개념적 틀 범주 안에 있다. 말씀은 이 땅에 와서 말씀이 행하는 바로 그 일, 곧 전달하는 일을 한다. 말씀은 우리에게 하나님이 누구신지를 말해준다.

이렇게 우리에게 하나님이 누구신지 말씀해주시는 분으로 예수를 제시하는 것은 공관복음에서도 찾아볼 수 있다. 공관복음은 하나님께서 우리에게 하나님이 누구신지를 보여주시기 위해, 그리고 백성들을 구원하는 데 자신의 생명을 주시기 위해, 자기 아들을 보내셨다는 사상을 제시한다(마 20:28; 막 10:45; 눅 19:10; 22:20). 복음서의 이러한 예수 제시를 받아들이면, 그렇지 않을 때 복잡한 설명이 요구되는 것과는 달리, 복음서에 나오는 포괄적인 현상에 대한 최선의 단일한 설명을 얻게 된다.

만약 복음서의 예수 제시가 틀렸다면 사람들은 아주 많은 역사적 세부 사항이 옳거나 그럴듯한지에 대한 이유를 설명하기 위해 많은 지적 장애물에 부딪히게 된다. 복음서에서 다양한 층의 본문 자료가 어떻게 발생했는지, 그리고 이 모든 것들이 예수 시대와 매우 잘 들어맞는다는 것과 최초기 유대교 전승 단계에서 기대할 수 있는 특징에 대해 설명할 수 있어야 한다. 또한 비유의 기원과 본래의 가르침이 무엇인지를 설명해야 하고, 한 복음서가 다른 복음서를 진리로 상정함으로써 가장 단순하게 설명될 수 있는 다양한 사례를 (다른 방식으로) 설명해야 한다. 또한 예수 따르미들이 일으킨 운동이 어떻게 수적으로 급격하게 성장했는지에 대해서도 역사가들의 해석과는 다른 방식으로 설명해야 한다.

나는 이 모든 것이 해명될 수 없다고 결코 말하고 싶지 않다. 물론 인간은 영리하기 때문에 어떤 것이든 설명해낼 수 있다. 사실 전문적인 성서학 연구의 상당 부분이 이 책에 언급된 각각의 고유한 현상을 설명하는 데 있어서 비교적 성공했다. 그러나 그것은 이러한 설명이 얼마나 옳고 정확한지

보다는 인간의 영리함이 뛰어나다는 표시일 수 있다.

이 책의 제목으로 되돌아 가보자. **우리는 복음서를 신뢰
할 수 있는가?** 나는 복음서를 신뢰하는 것이 합리적이라고
주장하려 한다. 복음서의 메시지와 역사를 모두 신뢰하는 것
은 지적으로, 그리고 더 폭넓은 방식으로, 만족스러운 선택
을 제공한다. 복음서를 신뢰하는 것은 역사적으로나 문학적
으로 설명하는 힘이 있고, 그 밖에 인간을 하나님께 반역하
는 존재이자 죄인으로 묘사하는 복음서의 제시가 옳다면 복
음서는 예수 그리스도라는 놀라운 인물의 삶과 가르침과 죽
음과 부활의 기록 속에 이러한 문제에 대한 대답을 제공하기
도 한다.

주목할 만한 점은 이제까지 다루어진 패턴들뿐만 아니
라, 복음서에 나오는 예수에 대한 기록이 구약성경—분명히
구약의 모든 부분은 예수께서 이 땅에 사시기 전에 작성됐
다—과 패턴을 형성한다는 점이다. 역사적으로 기독교인들
은 우리가 연구를 위해서 많은 책들을 사용하듯이 구약이 예
수 그리스도를 예표하는 것으로 읽어왔다.

구약은 완벽한 창조가 인간의 죄에 의해 망가졌고 그에
따라 인간은 사형을 선고받았으며 하나님의 임재 밖으로 추
방당했다는 이야기로 시작한다. 죽음은 죄에 대한 형벌이고,

피는 신성하며, 희생이 필요하고, 미래의 한 '씨'(즉, 후손)가 구원할 것이 약속된다. 하나님께서 특별한 권한을 주신 사람인 아브라함은 모든 사람의 예상을 깨고 특별한 자녀를 가지게 되었는데, 그를 희생제물로 바치라는 말씀을 듣는다. 하지만 마지막 순간에 취소됐고, 아브라함의 자녀는 숫양으로 대체되어 계속해서 살아간다. 아브라함의 자녀들은 애굽에서 억압의 시기를 보내다가 구출되지만, 하나님의 심판으로부터 자신들을 보호하기 위해 양을 잡아 피를 문설주에 바르기 전까지는 그 일이 이루어지지 않았다. 출애굽 이후에 그들은 자신들의 한가운데에 있는 특별한 장막에서 하나님의 임재를 경험했다. 그 임재는 희생제사를 통해서 접근할 수 있는 그런 임재이다. 약속의 땅에서 그들은 다윗왕을 받았고, 다윗은 영원토록 보좌에 앉을 "씨"(삼하 7:12)를 약속받았다. 한 분 하나님만이 존재하는 문화 안에서 선지자들은 "전능하신 하나님"(비교, 사 9:6; 10:21)의 나심을 이야기하고, 찔림 당하신 하나님을 보고 사람들이 애통할 것을 말하며(슥 12:10), 오직 하나님께만 적용될 수 있는 언어로 말하면서(사 52:13) 죽었다가[35] 살아나실 분을 이야기한다(사 53:11-12).

---

35. "도수장"(사 53:7); "살아 있는 자들의 땅에서 끊어짐"(사 53:8); "그의 무덤"과 "그의 죽음"(사 53:9). 이 인물이 신적인 언어로 말해지고 있

이것들과 많은 다른 것들이 예수의 삶, 희생적 죽음, 그리고 이어지는 부활과 관련된다. 이는 헌신적인 신자들의 눈에서뿐 아니라 복음서의 역사성에 회의적인 자들—이들은 복음서에 나오는 예수 내러티브 대부분이 구약을 기초로 지어낸 것이라고 주장하기 위해 예수 이야기와 구약 사이의 많은 관련성을 활용한다—의 눈에서도 그렇다.[36] 구약이나 복음서에 친숙하지 않은 자들에게 위에 기록된 유사성 목록은 공상처럼 보일 수 있겠지만, 사실 복음서의 예수 기록과 구약 사이에 큰 상관관계가 존재한다는 것은, 많은 해석의 특정 지점에서 다소 차이가 난다고 할지라도, 광범위한 학자들이 동

다는 것에 대한 증거를 위해서는, Richard Bauckham, *Jesus and the God of Israel: "God Crucified" and Other Studies on the New Testament's Christology of Divine Identity* (Milton Keynes: Paternoster, 2008), 32-59 [=『예수와 이스라엘의 하나님』, 새물결플러스, 2019]을 보라.

36. 예를 들면, 무신론자인 리차드 캐리어(Richard Carrier, *On the Historicity of Jesus: Why We Might Have Reason for Doubt* [Sheffield: Sheffield Phoenix, 2014], 84-85)는 구약 다니엘서와 예수의 십자가 처형의 연대인 주후 30년 사이의 관련성을 편리하게 "우연의 일치"로 보고 십자가 처형의 연대를 "날조되었거나 조작된" 것으로 간주한다. 캐리어와 나는 종종 구약과 예수 사이에 존재하는 높은 수준의 관련성에 동의한다. 그러나 나는 이 관련성을 실제 예언의 증거로 보는 반면에, 캐리어는 이를 성취라고 주장되는 것의 역사성을 반대하는 증거로 간주한다.

의하는 바다.

그러므로 나는 이러한 연관성을 당연한 것으로 받아들이고 싶다. 분명한 한 가지 선택안은 이 연관성을 초기 기독교가 복음서 이야기를 구약을 기초로 지어냈다고 말하기 위한 토대로 삼는 것이다. 이것의 문제는 이 모델이 (뜻밖의 우연의 일치, 지역 문화에 대한 높은 수준의 지식, 비유의 존재, 예수 가르침의 천재성, 담화와 내러티브 사이의 신중한 구별을 포함하여) 우리가 이미 살펴본 많은 패턴을 설명하는 힘이 부족하다는 것이다. 둘 중 하나다. 예수께서는 의도적으로 죽고자 하셨다. 이 경우라면 예수께서는 아마도 이미 구약 내러티브 속에서 자기 자신을 보셨을 것이다. 아니라면 예수의 죽음은 오판이다. 이 경우에 예수의 죽음으로부터 성공적인 메시지를 만들어내기 원하는 충성스러운 추종자들은 정말 운이 좋게도, 어떻게든 되살아날 희생적인 죽음을 통해 세상을 구원하는 신적 구원자에 대한 메시지로 각색될 준비가 되어 있는 자료를 구약에서 이미 발견한 셈이다.

훨씬 더 쉬운 입장은 단일한 가정, 즉 역사의 모든 것이 예수에게 달려 있다고 가정하는 것이다. 이것은 단순한 하나의 가정이지만 나는 이것이 대수롭지 않은 가정이라고 보지 않는다.[37] 이 가정은 보통 진정성 표지로 간주되는 복음서의 표지, 예수의 인격과 가르침의 천재성, 부활의 증거, 그리고 예수의 삶과 구약의 유사성을 아주 강력하게 설명해주는 힘이 있다. 물론 예수께서 하나님과 영원히 공존하시는 말씀이시라면, 즉 그분이 세상을 구원하러 오신 분이시라면, 복음서의 진정성에 대한 문제는 단순히 역사적인 관심사로 일축될 만한 문제가 아니다. 만약 복음서에 서술된 예수의 모습이 기본적으로 사실이라면, 이는 논리적으로 우리가 삶의 소유권을 내려놓고, 모든 복음서에서 다음과 같이 반복적으로 말씀하신 예수 그리스도를 섬길 것을 요구한다. "나를 따르라."

---

37. 우리가 개인적인 설명의 영역을 포함해서 더 단순한 설명을 선호해야 한다는 주장을 위해서는 Richard Swinburne, *Simplicity as Evidence of Truth* (Milwaukee: Marquette University Press, 1997), esp. 57–58을 보라.